KB067967

스무살은
처음이라

글·사진 슬구

푸른향기
Pfranbook Publishing Co

스무살은
처음이라

글·사진 슬구

푸른향기
Prunyok Publishing Co.

이 세상의 모든 스물에게,

다가올 스물을 상상하고 있을 너에게,

여전히 스무 살처럼 살고 싶은 당신에게

안녕, 스무 살!

불합격. 12년 학창시절의 결과였다.

그래, 나 대학에서 다 떨어졌다.

나는 꽤 튀는 학생이었다. 야자를 빼먹고 알바를 하러 가던 학급 반장, 방학마다 혼자 전국을 싸돌아다니던 방송부 그 애, 결국은 그걸로 책까지 쓴 학생회 언니. 날 바라보는 시선들이 과분할 정도로 반짝였다. 내게는 늘 '우물 밖 여고생'이라는 수식어가 따라 붙었고, 모두가 우물 밖의 내 모습을 기대했다.

그렇게 고삼이 되었다. 대학에 큰마음이 없던 나였음에도 고삼이라는 단어는 그 자체로도 날 무겁게 했다. 여행을 통해 만난 세상은 날 가슴 뛰게 했지만 그 끝에는 다시 돌아와야 할 현실이 있었다. 결국 또 우물 안이었다. 어느새 나는 남들과 다를 거 없는 수험생이 되어 있었다.

고삼이 되어 가장 힘들었던 건 전공을 정하는 일이었다. 그 당시 나는 꿈이 없었다. 정확하게는, 하고 싶은 게 너무 많아서 도무지 하나만 고를 수가 없었다. 뭐라도 좀 해보고 결정하고 싶은데, 학교는 기다려주지 않았다. 그렇게 등 떠밀리듯 정한 전공은 국어국문학. 쌓아왔던 스펙에 맞춰 고른 탓인지 이제 와서 생각해보니 참 뜬금없는 선택이었다.

　며칠간 학교를 나가지 않았다. 입시원서를 다 넣고 나니 왠지 모를 허탈함이 들어서였다.

　'슬기야, 너 대학은 왜 가?'

　스스로에게 질문을 던졌는데 도무지 이렇다 할 답이 나오지 않았다.

　'어, 그러게…. 나 왜 대학을 가려 했더라?'

　찬물에 연거푸 세수를 했다.

　너, 정신 좀 차리라고. 네가 그토록 바랐던 모습이 고작 이 정도였냐고.

오랜만에 내 책 『우물 밖 여고생』을 꺼내 읽었다. 꽤 오랫동안 책장에 꽂혀있었는지 새 책처럼 종이가 빳빳했다. 지금보다 더 볼살이 통통했던, 당고머리가 참 잘 어울렸던, 어느 사진을 봐도 행복이 뚝뚝 묻어나는 웃음을 짓고 있는 그 시절의 슬기는 두 살이나 많은 지금의 나보다 더 어른 같았다.

'엄마, 나 열여덟답게 살래요! 앞으로도 쭉-'

어느 페이지엔가 이런 글을 써놓았다. 휘청거리고 있을 미래의 나를 위해 열여덟 소녀가 미리 써둔 메시지 같았다. 남들이 뭐라든 내가 가고 싶은 길을 걸었던, 발에 물집이 잡혀도 그것마저 행복하다며 헤실거리며 웃던 여고생은 그 누구보다 반짝거렸다.

'그래, 열여덟의 내가 꿈꾼 스무 살의 모습은 이게 아냐!'

다시 한 번 마음을 다잡았다. 적어도 그 소녀에게만큼은 떳떳한 내가 되고 싶었다.

무엇이 되었든 내가 하고 싶은 걸 하자. 가슴 뛰는 일을 쫓아가자. 내가 꿈꾸던 스무 살이 되어보는 거야!

그렇게 나의 찬란한 스무 살의 첫 페이지가 시작되었다.

CONTENTS

나침반
||||||||||||||

따분하다고 여겨왔던 '집-학교-독서실'의 패턴이 어쩌면 내게 큰 안정
감을 주고 있었을지도 모르겠다. 별다른 계획을 세우거나 닥쳐올 미래
에 대해 심오한 고민을 하지 않아도 그저 책상에 앉아 펜을 끄적거리고
있다는 것만으로 '뭐, 열심히는 하고 있으니까.' 하는 위안을 얻을 수 있
으니 말이다.

하지만 이제 실전이다. 내 인생에서 학교가 사라졌다.

해가 지날 때마다 작아졌던 교복도, 그래서 더 자주 입었던 체육복과 매점에서 매일 사먹던 소보로빵, 가장 사랑하는 공간인 급식실도 이제 없다. '우물 밖 여고생'이라는 정든 별명과 '몇 학년 몇 반', '학생'이라는 수식어와도 이제 작별을 고할 때가 온 것이다.

"뭘 해야 하지?"

졸업이 내게 가져다준 가장 큰 난제이자 골칫거리였다. 짜여진 시간표 대로 움직이기만 하면 하루가 뚝딱 흐르던 시절은 이제 다 갔다. 대학생 도, 취준생도, 그렇다고 재수생도 아닌 내가 어떤 하루를 살아내야 할지 막막했다.

평생을 목표로 삼아왔던 것이 한순간에 사라진다는 건 나침반을 잃어 버리는 일과도 같다. 스무 살이 되었을 때, 나는 나침반을 잃어버렸다. 그것은 길을 잃을까 두려운 일이기도, 나아갈 길의 방향을 잡지 못하는 일이기도 했다. 드라마라면 이 상황에 뿅 하고 은인이 나타나주겠지만, 인생은 그리 만만치 않아서 언제까지고 주저앉아 있을 수만은 없는 노릇이었다. 바지에 묻은 흙먼지를 탈탈 털고 어딘지도 모르는 길바닥으로 한 발짝 내딛는 순간, 끝날 것 같지 않던 방황이 허무하게 끝이 났다.

그렇다. 결국은 걸어야 했다. 길을 잃는다는 건 새로운 길을 찾는 방법이기도 했고, 목표가 사라진다는 건 새로운 목표가 생겨 가슴 뛸 수 있다는 것이기도 했다.

뭘 해야 할지 모르겠다면,
일단 뭐라도 해보면 된다.

한 입 깨물어 보기 전에는 그게 무슨 맛인지 모르는 것처럼, 손가락을 담그기 전에는 물이 따뜻한지 차가운지 모르는 것처럼, 길이란 건 걸어 보기 전에는 절대 모르는 것이다.

그러니 이미 잃어버린 나침반 따위에 더 이상 미련 두지 않겠다. 아니, 오히려 홀가분해 할 거다. 적어도 내 삶에서만큼은 내가 북쪽이라 믿는 곳이 진짜 북쪽이 되어줬음 좋겠으니까.

스무살은
처음이라

머리카락
||||||||||||||||||||||

긴 머리를 잘랐다.

학창시절부터 줄곧 길러왔던 머리카락이 이제는 한 손에 채 잡히지 않는다. 사실 한 번에 자를 용기가 없어 몇 번에 걸쳐 잘라냈는데, 걱정이 무색하게도 내 마음에 쏙 든다.

속이 후련했다.

그래, 잘려나간 것이 비단 머리카락만은 아니었으리라. 홀로 끙끙 앓았던 열병 같은 세월이, 잔뜩 움츠러든 지난날의 못난 슬기가, 날 선 시선이 만든 깊은 상처들이 가위질 몇 번에 툭툭 바닥으로 떨어졌다. 맞다. 이렇게 잘라내면 될 것을. 이토록 간단한 것을. 나는 왜 미련하게 꼭 붙잡아 두었을까. 흰 가운을 타고 잘린 머리카락들이 푸석푸석 흘러내렸다.

이번 여행에서 이러한 푸석푸석한 감정들이, 자잘한 고민들이 잘려나가길 바란다. 짧아진 머리카락만큼이나 좀 더 홀가분한 내가 되기를 바란다. 스타일링을 하지 않아도 그 수수함 자체가 매력인 사람이 되기를 바라며 그렇게 다시 길 위에 올랐다.

겁쟁이와 고집쟁이

나는 겁이 많다. 그것도 아주 많이!

호러는 물론이고 피가 무서워 전쟁영화나 재난영화도 꺼리는 사람이 바로 나다. 어디 그뿐이랴, 다치는 게 겁나서 자전거는 배우지도 못하고, 수영은커녕 혼자선 물장구도 못 친다. 길을 막고 자는 동네 개가 무서워 다른 길로 돌아갔다가 학교에 지각을 한 적도 있고, 상상력은 또 어찌나 뛰어난지 남들은 대수롭지 않게 넘길 일들에 꼬리를 물어 스릴러로 만들곤 한다.

그런 내가 혼자서, 출국 티켓만 달랑 들고, 별다른 계획도 없이, 덜컥 동남아 일주를 하겠다고 하니 다들 화들짝 놀랐다. 그때마다 나는 괜찮은 척 "야, 죽기밖에 더하겠냐!" 하며 허허 웃었지만, 사실 속으로는 바짝 쫄아 있었다.(이제야 그때의 내 심정을 고백한다.) 친구들은 넌 역시 용감하다며 나를 치켜세웠지만 실은 살아 돌아오라는 장난 섞인 그들의 말에 엄청난 무게감을 느끼고 있었다. 내가 잘 해낼 수 있을까? 확신이 없었다. 나는 자신마저 믿지 못한 겁쟁이였다.

그렇게 미얀마에 떨어졌다. 짐을 찾으면서도 없어진 게 있나 계속 의심하며 배낭을 살폈다. 게이트가 열리자마자 끈적한 공기가 온몸에 달라붙었지만 아랑곳 않고 내 눈은 플래카드만 좇았다. 물가도 잘 모르고 흥정하는 노하우도 없으니 일부러 공항픽업을 해주는 숙소를 잡았는데, 눈을 씻고 찾아봐도 픽업기사는 보이지 않았다. 숙소에서 보내준 플래카드 사진을 들고 30분 정도를 돌아다녔지만, 공항 삐끼들만 꼬일 뿐 결국 찾지 못했다. 할 수 없이 택시를 잡아타고 가는데 그게 또 얼마나 무섭던지, 여차하면 당장이라도 뛰어내릴 기세로 몸통만한 배낭을 내내 꼭 껴안고 있었다.

계산을 하려고 돈을 꺼내는데, 10,000짯 사이에 200짯짜리 지폐가 섞여 있었다. 그 순간 공항 환전소 직원의 미소가 주마등처럼 스쳐지나갔다. 악명 높은 지폐 바꿔치기를 당한 것이다. 아, 도착하자마자 사기를 당하다니. 속상하고 화가 났다. 미얀마의 첫인상은 그리 달콤하지 않았다.

둘째 날이 밝았다. 여행 중 입을 바지를 사기 위해 거리에 나왔다. 도로에 차들이 쌩쌩 달리는데, 이곳 사람들은 횡단보도 하나 없는 길을 태연하게 잘만 건넌다. 나도 사람들 틈에 섞여 클랙슨이 마구 울리는 시끄러운 도로를 지나 시장에 도착했다. 마음에 드는 바지가 없어 시장 구석구석을 돌아다니는데, 뒤에서 "코리안, 코리안!" 하는 소리가 들렸다. 나

스무살은
처음이라

와 눈이 마주치자 수줍어하며 눈알을 또르르 굴리는 귀여운 미얀마 소녀가 그 주인공이었다. K-Pop을 아주 좋아한단다. 한류는 이곳에도 있구나. 그래서 덜컥 그 가족이 운영하는 옷가게에서 바지를 사버렸다. 흥정을 어떻게 해야 하나 싶었는데 "언니~ 감사합니다~" 하며 먼저 가격을 깎아주었다. 나, 미얀마에서 코리안 DC를 받은 여행자다! 괜히 기분이 좋아져 싱글벙글 웃으며 이번에는 조금 들뜬 발걸음으로 집에 돌아왔다. 입어보니 기장은 좀 길지만 마음에 들었다. 평소 내 스타일은 아니지만 그냥 내 마음에 쏙 들었다. 입을 때마다 그 소녀를 떠올릴 수 있어 좋았다.

양곤(Yangon)을 떠나는 날, 지금까지의 숙소 값을 내기 위해 주인아저씨를 찾았다. 얼마냐고 물으니 하루치만 내란다. 공항픽업도 깜빡하고 신경을 많이 못 써준 것 같아 미안하다는 말을 덧붙이면서 말이다. 머무는 내내 픽업 건으로 살짝 꿍해있었던 내가 부끄러워지는 순간이었다.

며칠이 더 지났고, 언제부턴지 모르겠지만 나는 더 이상 가방을 꼭 껴안으며 걷지도, 도난 방지 스프링으로 모든 귀중품을 단단히 묶지도 않았다. 대신 좀 더 홀가분해진 두 손을 마구 흔들며 어느새 현지인과 뒤섞이고 있었다.

직접 가보지 않으면 모른다고 했다. 내 상상 속 미얀마는 진짜 미얀마가 아니었다. 겁에 질려 외면해왔던 현지인의 눈빛은 사실 그 누구보다

날 따뜻하게 바라봐주고 있었고, '다 사기꾼일 거야!' 하고 의심했던 그들의 얼굴이 정말 순수한 미소였음을 깨달았을 때, 결국 내 마음의 자물쇠는 스스로 채운 것이란 걸 알았다. 자물쇠를 열기까지 그리 오랜 시간이 걸리진 않았다. 그저 "밍글라바(안녕)!" 하나면 충분했다. 나는 어느새 그곳에 녹아들어 있었다.

나는 고집이 세다. 그것도 아주아주 많이!

하고자 하는 게 생기면 남들이 뭐라던 밑도 끝도 없이 밀고 나가는 스타일이다. 그래서 늘 내 마음과 마음이 붙으면 항상 고집이 두려움을 이긴다. 이번 여행을 떠날 수 있던 이유도 다 이 별난 고집 덕분이다. 용기가 있어서가 아니다.

하지만 고집으로 시작한 여행은 대개 용기로 바뀌어간다. 두려움은 내가 만든 마음이란 걸 알아차리는 순간 그 마음은 다른 무언가로 변한다. 여행 초반에 과연 할 수 있을까 스스로를 의심했던 난 이제 어느 정도 자신 있게 말할 수 있다.

– 응, 나 잘 할 수 있을 거 같아. 아니, 나 잘 해낼 거야!

결국 난 겁쟁이를 이긴 고집쟁이였다.

나 잘 해낼 거야!

만달레이의 주황색
||||||||||||||||||||||||||||||||||||

스무살은
처음이라

　만달레이(Mandalay)에서 만난 오토바이 기사 헬무아저씨는 마치 아빠 같았다. 함께 우베인 다리에 가는 내내 "택시는 위험하니까 혼자 타지마! 누가 같이 태국에 가자고 하면 무조건 거절해. 네가 혼자라 많이 걱정이 돼. 물론 넌 잘하겠지만!" 하며 내 걱정을 잔뜩 늘어놓을 때 진즉에 알아봤다. 벌레가 너무 많아 당장 벗어나려는 날 붙잡고 남는 건 사진뿐이라며 열성적으로 셔터를 눌러대는 건 또 어떻고. 그러고는 내 옷에 붙은 벌레들을 수건으로 탁탁 털어주더니 일몰을 보기 딱 좋은 자리에 의자를 펼쳐주기까지 했다. 함께 해가 지길 기다리며 대화를 나누는데 헬무아저씨의 이야기는 온통 아내와 그의 딸라윈햇뿐이다. 그녀들은 한국에 무척이나 관심이 많다고 했다. 특히 한국 TV쇼를 아주 좋아해서 헬무아저씨가 보고 싶은 프로그램은 언제나 뒷전이라며 푸념 아닌 푸념을 하기도 했다. 딸은 한국 사람을 정말 좋아하고 닮고 싶어 한다고, 늘 한국 노래를 듣고 춤을 따라 춘단다.

　"정말로요? 실제로 보고 싶다. 만나서 놀면 재미있을 텐데!"

　헬무아저씨의 말에 즐겁게 맞장구를 치다보니 어느새 하늘은 주황빛으로 물들어 가고 있었다. 열심히 카메라에 담아내고, 눈으로 한 번 더 찍고, 마음에도 꾹꾹 기록하며 여행 중 가장 좋아하는 시간인 지금을 즐겼다. 석양이 사그라질 무렵, 이제 충분히 봤으니 돌아가도 괜찮다고 짐을 챙겼다. 오토바이를 타고 한참을 가고 있는데, 아저씨가 내게 말했다.

"슬기, 가족들이 널 기다리고 있어! 딸이 엄청 신났대."

"…네? 그게 무슨 말이에요?!"

"아까 네가 만나고 싶다 했잖아. 그래서 우리 집에 초대하려고!"

아뿔싸, 맞장구친다고 가볍게 뱉은 말이었는데, 아저씨는 그걸 기억하고 가족에게 전화를 걸었나보다. 이제 와서 그냥 해본 말이니 무르자 하기도 그렇고, 내가 뱉은 말이라 다시 주워 담을 수도 없는 노릇이라 어떻게 해야 하나 머리를 굴리고 있는데, 그 사이에 가로등 하나 없는 깜깜한 길을 달려 헬무아저씨네 집에 도착해버렸다. 사람들이 우르르 나와 반겨주어서 대가족인가 싶었는데, 그새 내가 온다는 소식이 마을에 퍼져 이웃사람들이 아저씨의 집으로 모인 거란다.

침대를 하나 들여놓으면 꽉 찰 정도의 작은 대나무 집에 아저씨의 가족이 도란도란 살고 있었다. 부엌도, 화장실도 없는 집안에는 TV가 활기차게 돌아가고 있었고, 마침 아저씨네 가족이 가장 즐겨본다는 「런닝맨」이 나오고 있었다. 나를 위해 빵과 커피를 내어 주시면서도 이것밖에 주지 못해 미안하다고 말하는 아주머니와 툭 하면 정전이 되는 통에 혹시나 내가 더울까 부채질을 해주는 딸 라윈햇의 친절에 몸 둘 바를 몰랐다. 내가 해줄 수 있는 게 고작 가족사진을 찍어주는 것뿐이라 미안했다.

스무살은
처음이라

아주머니는 김종국을 좋아한다고 했다. 잘생겨서 좋다고 했다. 우리 오빠가 그를 닮았는데, 잘생긴 건 모르겠다고 장난을 치니 호탕하게 웃으신다. 라윈햇의 이상형은 이민호, 티아라의 춤을 다 외워서 출 정도로 K-Pop을 좋아한다. 우리의 통역사 헬무아저씨는 라윈햇이 인기도 많고, 춤도 잘 추고, 또 공부도 곧잘 한다고 칭찬을 아끼지 않았다. 라윈햇은 아저씨의 말에 부끄러워하면서도 공책을 가져와 오늘 한 숙제들을 내게 보여주었다. 아저씨의 말처럼 라윈햇의 공책은 온통 동그라미 투성이였다.

밤이 많이 깊어져 집으로 돌아갈 채비를 하니 라윈햇과 아이들이 서운한지 날 꼭 껴안고 놓아주지 않았다. 아쉬움이 길어졌지만 아이들과 진하게 포옹을 나누고 마을 사람들의 작별인사를 받으며 헬무아저씨의 오토바이에 올라탔다.

마지막으로 악수를 하고 전화번호를 받으며 언젠가 내가 다시 만달레이에 온다면 그건 아저씨의 가족을 만나기 위해서라고 말했다. 아저씨는 번호를 절대 바꾸지 않겠다고 했다. 주머니에서 꾸깃꾸깃해진 지폐를 펴서 드리니 이건 너무 많다고 손사래를 치는 아저씨께 부디 받아달라고 부탁했다. 아이들에게 맛있는 걸 사주고 싶었다고, 그러지 못해 마음에 걸려 그런다고.

"그리고 최고의 하루를 제게 주셨으니까…."

이렇게 말하며 아저씨의 손에 돈을 쥐어드리고 냉큼 숙소로 들어갔다. 뒤통수에 고맙다고 소리치는 아저씨의 목소리가 닿았다. 그것이 너무 따뜻해서 나의 마음은 주황빛으로 물들었다. 우베인 다리에서 본 노을의 색이나 헬무아저씨의 집에 달린 작은 주황빛 전구의 색과 비슷한, 아주아주 따뜻한 주황색으로.

미얀마 사람처럼

미얀마에서 가장 이색적인 장소를 꼽으라면 2천여 개의 파고다가 있는 바간도, 고원지대에 있는 인레 호수도, 소수민족이 사는 수상가옥도 아닌 양곤 시내에 있는 작은 극장이다.

그날도 여느 때처럼 별 계획 없이 거리를 기웃거리고 있었다. 할 거라곤 골목 구석구석을 돌며 사람들 구경하는 일뿐이었지만, 은근 재미가 쏠쏠해서 가끔 내가 있는 곳이 몇 블록인지 까먹어 길을 잃기도 했다. 양곤의 길거리는 어딜 가나 상인들로 빼곡한데, 내가 그나마 좋아하는 미얀마 음식이 바로 바나나 튀김이었다. 그마저도 따로 이름을 표시해두지 않아서, 수많은 튀김 뭉텅이들 사이에서 "바나나 플리즈!!"를 외쳐대야 간신히 먹을 수 있는 그런 음식이었다. 한 손에 바나나 튀김을 들고 길을 걷는데, 유난히 커플들이 많이 들락날락거리는 건물이 있었다. 극장이었다. 내심 미얀마 영화를 기대하며 들어갔는데, 아쉽게도 모두

할리우드 영화였다. 상영관이 하나라 내가 당장 볼 수 있는 건 톰 크루즈 주연의 「미이라」뿐. 무려 3D였다. 가격은 더 놀라웠다. 단돈 2,500원에 최신 영화를 볼 수 있었다.

상영관으로 들어서자 간이전등 하나 없어 깜깜한 내부를 직원은 잘도 돌아다니며 손전등으로 티켓에 적힌 내 자리를 비춰주었다. 반복해서 틀어주는 똑같은 광고를 보고 나면 화면에 미얀마 국기가 띄워지면서 모두 일어나 국기에 대한 경례를 한다. 나도 그 분위기에 휩쓸려 얼떨결에 일어나 가슴에 손을 올렸다. 옆자리 청년들이 그런 나를 보며 키득거렸다. 또 하나 신기했던 건 외화에 어떠한 더빙이나 자막이 없다는 것. 그런데도 잘만 웃고 또 화를 낸다. 그것도 아주 큰소리로! 심지어 나와 몇 줄 떨어진 아저씨의 통화소리도 엿들을 수 있었다. 옆 커플의 애정행각도 물론이다. 가장 이상했던 건 이런 관람 문화를 불편하게 느끼는 사람은 이 공간에서 오직 나 하나였다는 거다.

내가 다른 문화권에 있다는 걸 엉뚱하게도 극장에서 가장 잘 느낄 수 있었다. 똑같은 영화 한 편을 보는데도 시스템이 이렇게 다를 수 있다는 게 정말 신기했다. 이후에 다른 나라에서도 종종 영화관을 찾았지만, 미얀마만큼 색다른 곳은 없었다.

머지않아 미얀마도 변할 테고, 사라진 동네 극장을 체인 영화관들이 채울 거라 생각하니 어쩐지 아쉬운 마음이 들었다. 그 전에 다시 미얀마를 찾아 영화를 보고 싶다. 아주 크게 웃고, 떠들고, 화를 내면서. 지금의 미얀마 사람들처럼.

골목대장 신슬기
|||||||||||||||||||||||||||||||||||||

  내가 이곳을 좋아하는 이유는 아주 명확하다. 얼굴에 타나카(나무뿌리
를 갈아 물과 개어 바르는 미얀마 전통 자외선 차단제)를 잔뜩 바르고 흰 치아
를 수줍게 드러내며 웃는 순수한 미얀마인들 때문. 이것이 전부이다. 사
람이 좋아서 미얀마를 사랑하게 되었다.

그들의 눈빛에는 아주 강렬한 힘이 있다.

노란 피부에 짧게 머리를 친 여자애를 바라보는 그 호기심 가득한 두 눈. 가뜩이나 큰 눈이 나를 보면 배로 커진다. 처음에는 부담스럽고 조금 무섭기도 했지만, 내가 그들이 신기하듯 그들 역시 마찬가지일 거라 생각하니 이해가 되었다. 철저히 이방인 취급을 받고 있지만 이것도 이것 나름대로 나쁘지 않았다. 이 골목 저 골목을 쏘다니며 마주치는 사람마다 "밍글라바!" 인사를 하다 보면 어느새 많은 친구가 생겨 있었다.

혼자였지만 사실 나는 혼자가 아니었다.

그들만의 룰

미얀마에서 첫 번째 밤을 맞는 내게 모두들 입을 모아 말했다.

"알람은 맞추지 않아도 돼!"

내일은 늘어지게 잠만 잘 거라 알람 맞출 일이 없다 하니 이 도시에서 늦잠을 불가능하단다. 무슨 말인가 싶었는데, 다음날 우레 같은 자동차 경적소리에 눈이 번쩍 떠지고 나서야 이해가 되었다. 아, 잠은 다 잤구나. 웬만한 소음에도 끄떡없는 무딘 귀를 가진 나에게도 이건 좀 너무했다. 할 수 없이 이부자리를 정리하고 예상보다 일찍 밖으로 나왔다.

밖은 안보다 더 심했다. 동남아의 도로문화를 어느 정도 알고 있었음에도 상상 이상이었다. 심지어 오토바이가 단 한 대도 없는 도로라서 앞차가 가야만 달릴 수 있는데, 너나 할 거 없이 다들 빵빵거리기 바빴다. 마치 이게 꼭 의무인 양 말이다. 그런 미얀마 사람들이 이해가 되지 않았다. 다들 왜 이렇게 급하지? 끼어드는 차도 없잖아. 아아, 시끄러워 죽겠어!

스무살은
처음이라

　바간(Bagan)에 갔을 때 이바이크(E-bike)를 빌려 탄 적이 있다. 자전거도 겨우 타는 내가 너무 무모한 도전을 하는 걸까 싶었지만 달리 방법이 없었다. 마차나 택시를 타기에는 가격이 부담스럽고, 그렇다고 자전거를 타고 다니기엔 체력이 자신 없었으니까. 처음엔 좀 삐그덕거렸지만 몇 번 해보니 또 곧잘 탔다. 물론 자전거한테도 추월당하는 속도였지만, 우주최강 쫄보는 그게 최선이었다.

　미얀마의 도로에는 미얀마만의 룰이 있다. 중앙선도 따로 없지만, 핸들도 오른쪽 차선도 오른쪽이지만, 굳이 깜빡이를 켜지도 않지만, 헬멧을 낀 사람도 별로 없지만, 모두가 하나 같이 빵빵!! 하고 경적을 울린다. 처음 도로를 나왔을 땐 무서워 혼났다. 그 소리가 어찌나 위협적으로 들리는지 잘 가다가 경적만 울리면 갓길에 세워 차를 먼저 보냈다.

　그렇게 한 시간, 또 한 시간이 지나고 어느 정도 이 도로에 적응하다 보니 더 이상 경적소리가 무섭게 들리지 않았다. 나는 자연스럽게 길을

터주고 있었고, 날 추월하는 트럭 운전자와 눈인사를 주고받기도 했다.
심지어 아주 소심하게 내가 경적을 울려보기도 했다.

음, 어쩌면 이것이 미얀마식 매너일지도 모르겠다. '야, 나 지금 너 뒤
에 있다! 그러니까 조심해야 돼!!' 이런 식의 말을 계속해서 전하고 있는
것일지도 모르겠다. 그것이 결코 편하다고는 말 못하겠지만 내게 더 이
상 소음으로 남지는 않았다.

스무살은
처음이라

부다페스트 릭
||||||||||||||||||||||||||

"난 한국에서 온 슬기! 만나서 반가워."

"오, 안녕. 난 릭이야. 헝가리에서 왔어. 부다페스트 알아?"

3시간 동안 양곤을 한 바퀴 도는 순환열차를 탔을 때 이야기다. 외국인은 나뿐인가 싶었는데, 한 칸에 거의 모든 외국인이 모여 있었다. 그 중 헝가리에서 온 릭이 내 옆자리에 앉았다.

"난 2년째 여행을 하고 있어. 미얀마는 내 마지막 여행지야."

"2년? 진짜 멋지다! 난 이제 막 여행을 시작했어. 오늘 저녁 바간으로 갈 거야."

"나도 바간으로 가! 너 무슨 버스 타니?"

서로의 버스 티켓을 확인했고, 이내 우리는,

"와우! 너 나랑 똑같은 버스를 타는구나."

"잠시만, 세상에. 너 내 옆자리야!"

"뭐, 진짜?!"

여러 칸들 중에서 바로 내가 있는 칸, 그 중에서도 내 옆자리. 그 많은 버스 회사 중에서 하필 바간민다, 그 중에서도 또 내 옆자리에 앉는 이 신기한 인연에 우리는 기차 안 사람들이 우리를 어떻게 쳐다보는지도 모르고 잔뜩 호들갑을 떨었다.

스무살은
처음이라

　나처럼 핑크색을 무척 좋아하는 릭, 내가 좋아하는 해리포터를 타투로 새긴 릭, 여행 내내 메신저를 주고받을 남자친구도 있는 릭…, 언젠가 아프리카를 여행하는 게 꿈이라는 사랑스러운 릭.

　아프리카든 부다페스트든 어디든 좋으니 우리 오늘처럼 다시 만나자.

　이렇게 우연히, 운명적으로!

순환열차가 멈추는 작은 역에 시장판이 열렸다.
물건 바구니를 든 상인들이 끊임없이 타고 내리는 이곳.

스무살은
처음이라

세계 최대 불교국가 중 하나인 미얀마.
미얀마의 남자들은 성인식을 지낸 후 일정기간 절에 들어가
스님으로 지내는 풍습이 있다.

미얀마 냄새

||||||||||||||||||||||||||||||

모든 감각에는 기억 주머니가 있다고 믿어. 나는 그 중에서 후각이 참 신기해. 당시에는 대수롭지 않게 여겼던 것들이 갑자기 톡! 하고 튀어나올 때가 많거든.

미얀마로 저장된 냄새가 있어. 어딘지 퀴퀴하고, 코를 막을 정도는 아닌데 그렇다고 썩 유쾌하지는 않은 냄새. 살면서 처음 맡아보는 향이라 이 나라 특유의 냄새이겠거니 싶었는데, 특정 골목을 지날 때 유독 더 심하게 나더라.

냄새의 정체는 태국에서 알 수 있었어. 두리안. 냄새가 고약하기로 유명한 과일 두리안이었더라고! 생각해보니 길거리에서 두리안을 산처럼 쌓아놓고 파는 상인이 정말 많았어. 이후에 많은 나라에서 두리안 냄새를 맡을 수 있었지만, 나는 그때마다 항상 미얀마가 떠올라.

그래서 나에게 두리안은 미얀마 냄새야.

마음속에 품은 것들은 모두

"넌 꿈이 뭐야?"

이스라엘에서 온 올이 물었다. 작은 한숨이 나왔다. 그렇다. 수도 없이 들어온 이 진부한 질문에 넌더리가 나던 참이었다. 꿈이 뭐냐는 질문에 그럴 듯하게 답할 마땅한 직업이 없었다. 하고 싶은 게 너무 많아서 그걸 다 해보고 결정하고 싶은데, 주위에선 서두르길 바라는 눈치였다. 혹은 넌 이미 책도 냈으니 평생 글이나 쓸 팔자라고 멋대로 단정 짓는 사람도 더러 있었다. 올과는 여행 이야기를 깊게 나누고 싶었다. 가뜩이나 내 엉터리 영어실력으로 이 복잡한 속사정을 설명하려면 뇌를 쥐어 짜내야 할 게 뻔했다. 그래서 말했다. 내 직업은 작가라고. 그리곤 냉큼 화제를 돌리려는데, 올이 한 번 더 물었다.

"음, 그러니까 그게 너의 꿈이란 거지?"

그 순간 말문이 턱 막혔다. "그래 맞아, 그게 내 꿈인 걸!" 하고 자신 있게 받아치지 못했다. 입이 떨어지지 않았다. 뺨이 화끈거렸다.

올에게 물었다. 내 꿈은 분명하지 못하다고. 추상적인 것들 투성이인데, 그래도 괜찮냐고. 그런 내게 올은 씨익 미소를 지으며 말했다.

"마음속에 품은 것들은 모두 꿈이 될 수 있지!"

그날 밤 우리는 호스텔 바닥에 앉아 시간 가는 줄 모르고 밤새 떠들었다. 형편없는 영어실력으로 내 생각을 전한다는 게 쉬운 일은 아니었지만, 올은 내가 말하고자 하는 것들을 곧잘 짚어내곤 했다.

"지금 행복해도 괜찮아! 세상에 이런 메시지를 주는 사람이 되고 싶어. 아마 이게 내 꿈이 아닐까?"

실은 뱉어놓고 조금 낯간지러워 소심하게 "I think so…." 하며 말을 흐리니 올은 크게 웃으며 지금껏 들어본 꿈 중에 가장 멋지다고 말해주었다. 나는 그게 또 부끄러워 두 손에 얼굴을 파묻고 말았지만.

"I think so…."

"You think so!"

스무살은
처음이라

다음 만남을 기약하며 아쉽게 잠자리에 들던 그날 밤, 마음 한구석 작게 지펴진 불씨에 나는 한참을 뜨거워했다. 한참을 두근거려했다.

이후에 올을 두 번이나 더 만났다. 한 번은 만달레이에서 한창 배앓이로 고생 중이던 때 급하게 화장실로 향하던 중 호스텔 복도에서 우연히 마주쳤다. 우리는 또 밤을 새며 이야기했고, 양곤에서 다시 만나기로 약속했다. 아무 것도 할 게 없는 곳이라는 걸 알았지만, 올을 만난다는 생각에 양곤으로 향하는 발걸음이 조금 들뜨기도 했다.

헤이, 자퓨!
||||||||||||||||||||||||

"스기? 술지? 술기?"

외국인 친구들에게 불리는 내 이름은 참 다양하다. 발음이 어려운 탓인지 처음부터 완벽하게 '슬기'라고 발음하는 경우가 거의 없다. 스펠링을 모두 늘어놔야 알아듣는 경우도 허다했다.

그날도 평상시처럼 게스트하우스에서 만난 친구들과 이야기를 나누던 중이었다. 미국에서 학교를 다니는 중국인 친구도 있었는데 이름은 밍밍, 영어이름은 줄리라고 했다. 밍밍의 말을 들은 미얀마 친구가 나에게도 영어이름이 있냐고 물었다. 아직 없다고 하니 대뜸 자기가 이름을 지어주겠다고 나선다. 그러더니 호스텔 직원과 머리를 맞대고 한참을 진지하게 상의한 끝에 '자퓨'라는 이름을 내게 주었다. 흰 연꽃이라는 뜻의 미얀마어란다. 자퓨. 나는 그날부터 자퓨가 되었다.

"헤이, 자퓨!"

호스텔 곳곳에 이 소리가 퍼졌다. 다들 나를 자퓨라 불렀고, 꼭 그 앞에 "헤이!"를 붙였다. 슬기가 아닌 다른 이름으로 불리는 게 처음이라 좀 낯설기도 했지만 또 금방 적응했다. 새 이름이 마음에 들었다. 친구를 만나면 나를 자퓨라 소개했다.

"내 엄마 아빠는 아니지만 애들이 내 미얀마 이름을 지어줬어! 어때, 멋지지?"

이 예쁜 이름을 선물해준 두 친구는 내 소개에 빠질 수 없는 인물들이 되었다.

만달레이를 떠나는 날 유독 정이 많이 든 사람들과 마지막 포옹을 나눴다.

"자퓨, 남은 여행도 잘 해. 네가 가면 많이 허전할 거야. 그래도 기분 좋게 보내줄게. 꼭 다시 와야 해. 안녕, 자퓨!"

그렇게 모두에게 사랑스럽게 불리던 자퓨와도 작별을 고했다.

한국으로 돌아와 나는 몇 번이고 그 이름을 만졌다. 이제는 아무도 불러주지 않는 이름이 되었지만, 마음 깊은 곳에서 시작된 울림은 꽤 오랫동안 끝나지 않을 것이다.

자퓨, 자퓨… 사랑스러운 자퓨….

당신은 당신 자신을 사랑하나요?

저는 여전히 여행이 인생을 바꿔준다는 말을 믿지 않아요. 하지만 걸어왔던 그 길 위에는 늘 배울 것이 있었다는 걸, 그것들이 저를 좀 더 괜찮은 사람으로 만들어주었다는 건 알아요.

평생을 타인과 섞여오면서 제가 얻은 건 바닥 친 자존감이었어요. 등수로 매겨지는 나의 가치, 나와는 동떨어진 SNS 속 화려한 삶, 출발점부터 차이 나는 다른 세상의 사람들을 만나면서 저는 자꾸만 작아졌거든요. 우울했어요. 저는 어느새 콤플렉스로 똘똘 뭉친 사람이 되어 있더라구요.

여행을 좋아하지만, 실은 여행할 때의 제 모습을 더 좋아해요. 뭐랄까, 숨통이 좀 트인 달까요. 저를 작아지게 만드는 것들에서 벗어나 온전한 제 모습으로 돌아왔을 때, 왠지 모를 편안함을 느껴요. 한 번도 와본 적 없는 그곳, 타지에서요.

이 공간에서 '나'는 그냥 '나'일 수 있어요. 경쟁하고 비교당할 타인은 어디에도 없지요. 그렇게 오로지 '나'라는 사람으로 오랜 시간 떠돌다보니 깨닫게 되더라구요.

'나, 꽤 괜찮은 사람이었구나!'
맞아요. 저 보기보다 괜찮은 녀석이에요. 생각보다 사랑스러운 사람이구요. 행복할 줄 아는 멋쟁이었어요.

여전히 남의 시선에서 자유롭지 못하지만, 적어도 저의 가치를 타인에게서 찾는 일은 그만둘래요. 그들의 피드 속 화려한 삶에 '좋아요'를 누르기보단 이제는 제 삶을 더 좋아해줄 거예요. 날 사랑해줄 거예요!

당신은 당신 자신을 사랑하나요?

껄로! 깔로! 껄로!!
||||||||||||||||||||||||||||||||||||||||||||||||

스무살은
처음이라

프랑스 친구와 함께 버스를 탄 적이 있다. 원래는 아침 버스를 예매했는데, 승객이 없다고 마음대로 시간을 옮겨버리는 바람에 밤 9시가 되어서야 차에 몸을 실을 수 있었다. 나는 껄로(Kalaw), 로빈은 냥쉐(Nyaungshwe)가 목적지였고, 다리가 무척이나 긴 그는 좌석이 좁아 바닥에 누워가야만 했다.(물론 나에게 좌석은 무척이나 넓었다!)

내가 알아서 내려야 하는 한국 버스 시스템과는 달리 미얀마는 내릴 때가 되면 때맞춰 알려주기 때문에 늘 편히 잠을 잘 수 있었다. 그래도 혹시 몰라 차장(이라기엔 뭔가 엉성하고 허술한 느낌이 나는 직원?)에게 껄로에 도착하면 깨워달라는 부탁도 잊지 않고 해두었다. 에어컨 바람을 막기엔 턱없이 얇은 퀴퀴한 냄새가 나는 담요로 꽁꽁 싸매 잠을 자고 있는데, 누군가 내 어깨를 치며 일어나라 깨운다. 껄로에 도착했나 싶었는데, 나를 깨운 건 다름 아닌 로빈이었다.

"슬기, 너 껄로에 간다 하지 않았어? 한참 지나친 거 같아…."

잠이 확 달아났다. 혹시나 하고 계속 휴대폰 지도를 보고 있던 로빈이 내가 끝까지 내리지 않자 이상하다 싶어 날 깨운 것이었다. 곧바로 차장에게 달려가 이게 어떻게 된 거냐며 따지는데 아, 영어를 한마디도 알아듣지 못한다. 답답함에 "껄로! 깔로! 껄로!!"를 외쳐대니 그제야 상황 파악이 되었는지 운전석으로 가 몇 분을 대화하던 끝에 결국 "쏘리"라는 말만 남기고 머쓱한 웃음을 지은 채 자리로 돌아갔다.

새벽 4시도 안 된 캄캄한 새벽, 아무 것도 없는 길거리에 나 혼자 덩그러니 버려지기 일보 직전인 상황 속에서 '어떡하지?' 마구 머리를 굴리고 있는데, 가방을 챙겨 내리는 로빈이 보였다. 더 생각할 시간이 없었다. 냉큼 따라 내려 그의 옆에 찰싹 붙는 것이 그 순간 내가 할 수 있는 최선이었다.

"로빈. 나 갈 곳이 없어. 제발 나랑 같이 가줘…."

그렇게 나는 껄로가 아닌 냥쉐에 왔다. 곱씹어보니 버스터미널에서부터 틀어진 일이었다. 나와 로빈이 일행인 줄 알고 똑같은 행선지를 버스 직원에게 넘겨준 것 같았다. 내가 예매한 티켓에는 껄로라고 잘 적혀있는데, 가방끈을 보니 냥쉐라고 써진 택이 붙어있었다. 뭐, 아무렴 어떤가. 나는 결국 껄로를 가지 못했고, 생각지도 못한 냥쉐에 왔지만 로빈 덕분에 그 새벽에 좋은 숙소도 구했는걸.

스무살은
처음이라

　많은 여행을 하지는 않았지만, 확실히 과거의 내 여행과 많은 게 달라졌다. 나는 더 이상 완벽한 계획을 세우지도, 일정한 틀을 만들지도 않았고, 예기치 못한 상황에 무작정 화를 내며 달려들지도 않았다. 방향이 달라질 뿐 어떻게든 나아갈 수 있다는 걸 알게 되니 여행을 대하는 게 참 편해졌다. 100% 쿨하게 탈탈 털어내지는 못하지만 적어도 '그래! 미얀마에 다시 올 이유가 하나 늘었네!' 하고 너스레를 떨 정도는 되었다.

스무살은
처음이라

결국 이것이 내 여행이다.

어딘가를 가기 위해서가 아니라

그저 길이 예뻐서 걸었던 것처럼,

무언가를 얻기 위해서가 아니라

그저 주인공의 이름이 '해리'라서 책을 읽었던 것처럼,

일몰을 보기 위해 바다에 나갔다가

조약돌에 정신이 팔려 결국 해가 다 져버렸을 때,

'그럼 별을 보면 되지!' 하고 모래밭에 벌러덩 드러누웠

던 바로 그날처럼.

　그냥 그렇게, 그렇게⋯ 헤엄치는 중인 거지.

행운은 그렇게

실수로 냥쉐에 오게 되었지만, 이것은 가장 훌륭한 실수였음이 틀림 없다.

유독 더위에 약한 철저한 겨울형 인간인 내게 고원지대에 위치한 냥쉐의 선선한 날씨는 천국과도 같았으니까. 옥상에 있는 선베드에 누워 기분 좋게 내리는 실비를 맞거나, 반팔티 하나 덜렁 입고 나가 으슬으슬해진 팔뚝을 문지르는 일만큼 행복한 것도 없었다.

인레호수로 더 알려진 냥쉐

인레호수에는 소수민족뿐만 아니라 소들도 아주 많다!

스무살은
처음이라

목욕하는 청년들

발로 고기를
잡는 전통어부

인레호수에 둥둥 떠있는 보트 주유소

토닥토닥
||||||||||||||||

나무 말고 숲을 보는 사람이 되어야지.

스스로에게 채찍질하는 나보다는

아낌없이 예뻐해 주고 칭찬해 주어야지.

자존심 내세우기보단 겸손한 사람이,

그럼에도 나의 가치를 주장할 수 있는 사람이 되어야지.

다가올 미래를 행복하게 바라보는 사람이,

두렵더라도 순간을 즐길 줄 아는 멋쟁이가 되어야지.

?
||||

　내 감정은 마냥 둥글지 않아서 누군가는 세모, 또 누군가는 네모가 된다. 그런 의미로 내게 당신은 물음표다. 그러니까 나는, 나는… 당신을 잘 모르겠다.

　당신의 냉탕은 뼈가 시리도록 차갑고, 당신의 온탕은 살갗이 벗겨질 정도로 뜨거워서 나는 그게 늘 아팠다. 우리는 서로 깊은 대화를 나누지 않았다. 당신은 날 궁금해 하지 않았고, 그럴수록 나는 비밀이 쌓여갔다. 많은 것을 숨기며 살았다.

　관심도 없던 야구를 당신 따라 보게 되었을 때, 얕은 지식으로 애매하게 아는 체하며 말을 거는 날 당신은 더 이상 귀찮아하지 않았다. 야구 경기가 진행되는 6시와 10시 사이는 우리의 거의 유일한 대화시간이 되었다. 그 시간이 좋았다.

첫 번째 책이 나왔을 때 당신이 내게 물었다. 왜 내 이야기가 책에 없느냐고. 그 당시에는 대충 얼버무렸지만, 실은 당신을 떠올리면 내 마음은 먹구름이 되었다. 서운함으로 뒤죽박죽된 마음을 고등학생인 나는 감추고 싶었다. 그래도 스무 살이 되어 이렇게 글을 끄적이는 걸 보니나, 조금은 당신의 물음표가 작아졌나보다.

'살아있냐? 돈 좀 보내줘?'

동남아를 한 달째 여행하던 때 당신이 내게 한 유일한 연락이었다. 내가 톡으로 장문의 일기도 쓰고, 여행지에서 찍은 사진들을 몇 장 보내도 봤지만, 확인만 할 뿐 답장 한 통이 없던 당신이 어느 날, 그냥, 문득 내게 저 말을 보냈다.

웃음이 터졌다. 그래, 나는 이제 이것이 당신의 표현이란 걸 안다.

'응, 나 건강해. 밥도 잘 먹고 다니니까 걱정 마, 아빠!'

태국과 고양이
||||||||||||||||||||||||||||||||||

스무살은
처음이라

 태국에서는 어딜 가나 사랑스러운 고양이들을 만 날 수 있었다. 사람은 또 어찌나 잘 따르는지 나는 골목길을, 야시장을, 주택가를 지날 때 항상 그들에 게 발길을 붙잡혔다. 가방에는 늘 밥보다 비싼 고양 이 간식이 가득 들어있었고, 길바닥에 철퍼덕 앉아 간식을 나눠주는 일은 어느새 내 여행 중 큰 즐거움 으로 자리 잡았다.

 "100바트에 팔게, 가져가!"

 길고양이와 뒹굴며 노는 내게 태국 사람들은 종종 이런 말로 장난을 쳤다. 그것은 30바트가 되기도, 때때로 1,000바트가 되기도 했다.

조개껍데기

||||||||||||||||||||||||||

요즘의 나는 백사장에 나뒹구는 조개껍데기 같아서 잔물결에도 쉽게 휩쓸리곤 한다. 반짝거리는 껍데기에 비해 보잘 것 없이 텅텅 빈 속이 부끄럽기만 하다. 애를 써 봐도 손에 잡히는 건 결국 모래 알갱이뿐, 진주를 잃어버린 기분이다.

찌질한 스무 살
||||||||||||||||||||||||||||||||||

스무살은
처음이라

눈물샘이 말랐다. 아마 열여덟 때쯤이었던 것 같다. 매일 밤마다 멜로 영화와 감성다큐를 끌어안으며 띵띵 부은 눈으로 잠에 들던 시절을 보낸 뒤였다. 나는 더 이상 슬픈 영화를 찾지 않았고, 마지막이란 단어와 웃으며 이별하는 담담함을 가졌다.

그런 내가 낯설었다. 극장에서 홀로 마른 휴지를 구기며 앉아있는 내가, 화가 머리끝까지 나는데도 끙끙거리고만 있는 내가, 전근 가시는 담임선생님을 껴안으며 눈물 한 방울 흘리지 않는 내가 낯설었다. 나는 울지 않았고, 그런 날 보며 스스로 생각했다. 내가 꽤 단단해졌구나.

미얀마에서 태국으로 넘어오던 그날 밤부터 나는 하루에도 몇 번씩 감정이 북받치곤 했다. 잔잔한 바다에 해일이 몰아치고 또 금세 멎었다가 다시 거센 파도가 찾아왔다. 그렇게 수십 번씩 코가 시큰거리고 나서야, 그동안 고집을 부리며 외면해온 감정과 직면할 수 있었다. 외로움. 그래, 나는 지금 지독하게 외로움을 앓는 중이다.

방콕이 싫었다. 그토록 만나고 싶던 한국인들 천지에, 깨끗한 길, 맛있는 음식이 가득한 방콕이었지만 뭔가 부족했다. 나는 자꾸만 두리안 냄새가 진동하던, 시뻘건 콘야를 길가에 마구 뱉어대던, 입에 맞지도 않는 음식을 꾸역꾸역 입으로 쑤셔 넣던 미얀마가 아른거렸다. 정확하게는 미얀마 사람들이 그리웠다.

방콕에서는 카메라를 한 번도 들지 않았다. 담아내고 싶은 게 없어서였다. 많은 시간을 밖에서 보냈지만, 어디 한 구석에 마음을 두지 못하고 빙빙 떠돌곤 했다. 밥을 먹다가, 버스를 타다가, TV를 보다가 아무 이유 없이 눈가가 달아올랐다.

사람냄새, 사람냄새가 나는 곳을 찾자. 가져온 태국 지도를 펼쳐 난생처음 듣는 도시 이름을 찾았다. 칸차나부리(Kanchanaburi). 그래, 일단 여기로 가자. 어서 방콕에서 도망치자.

내 말을 듣지도 않고 모른다고 손사래를 치는 상인을 뒤로하고, 자기가 길을 안다며 나를 잘못된 버스에 태워버린 청년을 용서하고, 할 수 없이 잡아탄 택시는 또 나를 엉뚱한 곳에 내려주었지만, 얼른 이곳을 벗어나겠다는 생각 하나로 세 시간을 헤매며 간신히 롯뚜(미니밴)를 잡아탔다. 방콕 넌 어쩜 떠나는 순간까지도 이러니. 짜증 한 바가지, 온몸이 땀으로 흠뻑 젖은 끝에야 드디어 칸차나부리에 도착할 수 있었다.

아직 아무 것도 한 게 없지만 나는 이곳이 꽤 마음에 든다. 길가에서 만난 어린애들이 수줍은 눈길을 보내고, 현지인 틈에 끼어 팟타이를 시켜 먹는 나를 위해 직원은 한국 티비쇼를 틀어준다. 무엇보다 숙소에 나를 무척 좋아해주는 고양이가 있다.

스무살은
처음이라

　단단해지려면 한참 멀었다. 어린 만큼 아직 여리고, 서툰 만큼 아직 무르다. 엄마가 보고 싶다고 늦은 밤 혼자 질질 짜는 찌질함도, 아플 땐 괜히 더 엄살을 부리며 어리광을 피우는 유치함도 어쩔 수 없다. 이제 더 이상 강한 척하지 않으련다. 한 줌의 온기가 절실한 지금, 내일은 감기가 나았으면 좋겠다.

단순하게 삽니다
||||||||||||||||||||||||||||||||||

음음,

단순함이란 단어를 좋아합니다.

배배 꼬지 않고

빙빙 돌리지 않고

주어진 순간에 충실한 삶을 사는 건

꽤 힘이 드는 일입니다.

단순하게 살고 싶지만 그건 그다지 단순하지 못해서

늘 저를 복잡하게 만들곤 합니다.

무작정 단순해지고 싶을 때 저는 떠났습니다.

그곳에서는 뒹굴고 헤엄치고 낮잠을 퍼질러 자는 내 행동에

'왜?'라는 물음이 달리지 않아 좋았습니다.

그저 웃고 싶을 때 웃고,
울고 싶을 땐 한없이 울면 그만이었습니다.

굳이 무언가를 하려고 애쓰지 않았고,
그러다보면 자연스레 애쓰고 싶어졌습니다.

찍고 싶을 때 카메라를 들고,
쓰고 싶을 때 펜과 종이를 꺼내는 것만큼
설레는 일이 또 있을까 싶습니다.

음음,
어쩌면 꽤 단순하게 살고 있는지도 모릅니다.

오해해서 미안

치앙마이(Chiang Mai)를 여행할 때 중국인 언니가 운영하는 게하에 머물렀다. 시크함이 매력이었던 그 언니는 밤이면 딱 붙는 원피스를 입고 오토바이 뒷좌석에 올라타고 클럽에 가던 핫한 언니였다. 필요한 게 있음 알아서 해결하라는 말만 남긴 채 말이다.

이곳에는 장기투숙을 하며 글을 쓰신다는 일본인 할아버지 한 분과 혼자 여행 온 한국인 여자애인 나, 그리고 일곱 명 정도의 중국인 친구들이 머물고 있었다. 그 친구들은 밤이면 골목이 들썩일 정도로 떠들며 술을 마셨고, 나는 그런 그들을 보며 '역시 중국인은 시끄러워!' 하고 속으로 궁시렁거렸다.

중국인 단체 관광객이 유난히 많은 치앙마이에서 온종일 그들에게 새치기를 당하고, 밀쳐지고, 귀 따가운 하루를 보내고 난 터라 숙소 마당에 자리를 펴고 소란스럽게 술잔을 부딪치는 중국 애들이 그리 달갑지 않았다. 적당히 인사만 하고 냉큼 방으로 들어가려는데, 한 친구가 말꼬리를 잡고 날 놓아주지 않았다.

"애! 그러지 말고 옷만 갈아입고 내려와. 우리랑 술 먹자! 응? 그러기로 한 거다?"

막무가내로 밀어붙이는 통에 거절할 타이밍을 잡지 못했고, 결국 그 시끄럽고 소란스러운 자리에 끼게 되었다.

자리에 앉자마자 내게 우르르 달려들어 누구는 술잔에 얼음을 채우고, 누구는 면세점에서 사온 듯한 양주를 따르고, 또 누구는 그 잔에 드링크를 섞어 내 손에 쥐어주었다. 얼떨결에 한 잔 들이키니 다들 두 눈에 '맛이 어때!?'라는 궁금증을 달고 나를 쳐다봤다. 무슨 맛인지도 모르겠지만 일단 좋다고 하니 다들 그제야 만족스러운 표정을 지었다.

그들은 내게 관심이 많았다. 무수히 많은 질문이 영어 능력자 친구의 통역을 거쳐 내게 전달됐다.

"혼자 여행 왔어?"

"인스타그램은 중국에서 못 깔아. 너 웨이보는 안 해?"

"남자친구 있어?"

"이건 한국어로 뭐야? 그럼 이건? 이거는?!"

"한국에서 가장 좋은 대학은 어디야?"

"나는 한국에서 언니니, 아줌마니?"

짧은 영어로 쩔쩔매며 대답을 해주다보니 어느새 나도 이 대화를 꽤 즐기고 있다는 걸 깨달았다. 내 웃음소리가 이 공간이 더 소란스러워지도록 보태고 있으니 인정할 수밖에.

그들은 바보 같은 장난을 치는 걸 좋아했고, 내가 조금이라도 입을 열면 "야! 슬기 말한다!!" 하며 시선을 집중시켰고, 내가 맛있다고 한 과자를 편의점에서 몇 봉지씩 사와 내 품에 안겨주기도 했으며, 누군가 홍얼

스무살은
처음이라

거리는 콧노래 소리에 기타를 들고 나와 연주를 하기도 하고, 그 즉흥적인 선율에 맞춰 몸을 흔들기도 하는 사람들이었다.

낮에 만난 중국인들을 모두 용서하기로 했다. 그들이 중국인이기 때문에 미운 것이 아니라 그저 그런 행동을 한 사람이라 미워했던 거라고 생각을 고쳤다.

미안, 결국 못난 건 너희가 아니라 색안경을 낀 나였어.

"나, 중국에 가볼 생각을 딱히 해본 적이 없는데…. 너희들 덕분에 가고 싶어졌어!"

본인들 나라에 놀러가고 싶다고 하니 그들은 진심으로 걱정하며 말했다.

"근데, 우리나라 위험해!"

음, 어쩐지 중국이 더 좋아질 것만 같다.

Young Grandma
||||||||||||||||||||||||||||||||||||||||||||||

762번의 커브 길을 돌아야만 비로소 닿을 수 있는 그곳, 태국 빠이(Pai)
에서의 이야기다.

빠이의 밤은 낮보다 아름다워서 늘 나를 밤거리로 끌어당기곤 했다.
반대로 낮에는 선풍기 하나 틀어놓고 낮잠을 자거나 영화를 보는 게 일
과의 대부분이었다. 그래도 마지막 날에는 나름 부지런떨며 유명하다는
브런치도 먹고, 동네 산책도 좀 하고 들어왔다. 그래봤자 3시를 못 넘기
고 집으로 돌아온 나였지만.

나만 보면 "슬기야아!!!" 하고 장난을 치는 게하 주인 켄트가 마루에 벌
러덩 누워있는 내게 물었다. 드디어 오늘은 뭐라도 하고 왔냐고. 음, 딱
히 별 건 안 했고 동네를 둘러봤다고 말하니 켄트는 믿을 수 없다는 듯
깜짝 놀라며 나를 빠이 지도가 붙어있는 벽으로 끌고 갔다.

"여기도? 여기도 안 간 거야? 설마 너 빠이캐년도 안 갔어?!"

뭔가 혼나는 기분이라 소심하게 고개를 끄덕이니, 켄트는 한숨을 한 번 푹 쉬고 본인 스쿠터에 시동을 걸었다. 그리고 멀뚱하게 서있는 내게 헬멧을 던지며 소리쳤다.

"슬기! 빠이는 지루한 곳이 절대 아니야!"

얼떨결에 켄트의 스쿠터를 얻어 타고 빠이 시내를 돌아다니게 되었다. 종일 숙소에서 뒹굴거리다 빠이를 떠나는 내가 못내 신경이 쓰였는지 켄트는 나의 일일가이드를 자처했다. 실은 이곳에 흥미를 못 느낀 게 아니라 원래 내 여행 스타일이 이렇다고, 나는 내 식대로 빠이를 충분히 즐겼다고 말하니, 그 다음부터 켄트는 나를 'Young Grandma'라고 불렀다. 그러고는 여행사 팸플릿에 나오는 곳들이 아닌 웬 논밭으로 자꾸 날 데려갔다. 이게 더 내 취향일 것 같다나 뭐라나.(사실 켄트 말이 맞았다!)

"슬기야! 잠시 세워줄 테니 사진 좀 찍을래? 너 좋은 카메라를 가지고 있잖아."

"음… 괜찮아. 가끔은 눈에만 담고 싶을 때가 있더라구."

"하하! 넌 카메라보다 더 좋은 눈을 가지고 있구나! 역시 할머니답네!"

빠이의 달
||||||||||||||||||||||||

스무살은
처음이라

빠이는 낭만이었다. 이곳은 여행하며 텁텁해진 내 마음을 말랑하게 만들기 충분했다. 그것은 연애소설을 읽고 난 직후의 말랑거림이나 고양이가 내 발목에 얼굴을 비빌 때의 말랑거림과는 조금 달랐다. 이것들이 분홍색이라면 어쩐지 그것은 붉은색이었다.

운명처럼 내가 도착한 날 시작된 재즈 페스타는 내가 빠이를 떠나는 날 드라마처럼 끝이 났다. 덕분에 취향도 아닌 재즈음악에 감성이 자극되기도, 그 감성이 달아올라 칵테일을 잔뜩 마셔보기도 했다. 따로 콘서트장이 있는 건 아니고 오늘은 이 카페, 내일은 저 펍에서 열리는 방식이라 나는 늘 귀를 쫑긋 세우고 거리를 걸었다. 들리는 음악소리를 따라가면 언제나 그곳엔 내가 바라는 것들이 있었다.

밤에는 늘 비가 내렸다. 흘러나오는 밴드 연주에 콧노래를 흥얼거리기도, 발을 통통 튕겨보기도, 가방에 있는 우산을 까먹은 채 앞머리에 내려앉은 물기를 털어내기도 했다. 취기 어린 눈동자에는 늘 달이 떠있었고, 나는 그것을 잡기 위해 한참 동안을 허우적댔다.

안아주세요
||||||||||||||||||||||||||

스무살은
처음이라

  그날도 어김없이 가이드북에서 뜯어온 태국 지도를 펼쳐놓고 이동할
도시를 찾고 있었다. 나는 지도를 보다가 도시 이름이 좀 끌린다 싶으면
영어로 이미지 검색을 해본다. 가고 싶다는 마음이 들면 무작정 밖으로
나가 이동할 방법을 알아내는 편인데, 그러던 와중 '난(Nan)'이라는 아주
따뜻한 도시이름이 눈에 들어온 거다.

"너 여기 가는 거 맞아? 난, 맞는 거야? N.A.N 여기 진짜 맞지?"

난으로 가는 티켓을 달라고 하니 터미널 직원은 내게 재차 행선지를 물었고, "난에 간다고? 음, 거길 왜 가니?" 하고 반응하는 태국인도 만나버린 터라 내가 괜한 곳을 가고 있는 건가 살짝 걱정이 되었다. 하지만 나의 이러한 걱정은 점심을 먹기 위해 거리를 나서는 순간, 비온 뒤 맑게 갠 난의 날씨처럼 말끔히 개었다.

"예전에 한국인이 내 식당에 왔었어!"

"정말? 언제?"

"2년 전에! 그래서 그런데, 나 너 사진 찍어도 되니? 나 한국인 정말 좋아해!"

"너 어디서 왔어? 중국?"

중국인으로 오해받는 것이 이리도 좋을 줄이야.

"Where are you from?"이 이토록 반가울 줄이야.

나와 눈이 마주치자마자 단번에 한국인임을 알아차리고 어설픈 한국말을 쓰며 전갈 꼬치나 담배케이스를 내미는 지긋지긋한 태국 상인과 달랐다. 이곳 사람들은 나를 철저히 이방인 취급했다.

　나를 바라보는 커다란 눈동자, 수줍게 올라가는 입 꼬리, 내 인사에 반응하는 작은 손바닥….

　결국 내가 바란 건 이토록 사람답고 소심한 것들이었다. '제발 나를 좀 안아주세요.' 하고 마음으로 애절하게 소리치고 있던 거였다. 태국을 여행하는 내내 떨쳐내지 못하고 꾸역꾸역 안고 있던 미얀마의 향수가 조금은 덜해졌다. 말 붙일 친구 하나 없지만 나는 더 이상 외롭지 않았다.

　라오스에 가기 전 잠깐 거치는 마을쯤으로 생각했던 곳이어서 밤에는 당장 떠날 수 있게 배낭을 싸두었다. 그리고 다음날 아침, 주인아저씨가 만든 아침밥을 먹으며 나는 항상 이렇게 말했다.

　"저, 여기 하루 더 있을래요!"

초보 요리사
|||||||||||||||||||||||||||

 난이라는 동네는 정말 마음에 들지만, 가성비 좋은 숙소는 찾아볼 수가 없다. 기존에 머물렀던 숙소 가격의 4배가 넘는 가격임에도 에어컨 하나 달려있지 않아 하루에 샤워를 네 번이나 하곤 했다.(따뜻한 물 샤워는 꿈도 꾸지 말 것!) 결국 다른 곳으로 옮겨버렸지만, 3일이나 묵을 만큼 이곳을 좋아했던 이유는 야외에 딸린 주방 때문이었다.

 평소 구경하는 걸 좋아하는 나에게 Big C(태국의 체인 대형마트)는 그야말로 천국과도 같았는데, 첫째는 에어컨이 빵빵했고, 둘째는 놀랍도록 가격이 저렴했다. 그날은 700원짜리 오징어를 장바구니에 넣어버리는 바람에 첫 해산물 파스타에 도전하는 날이었다.

　야외주방에서 시작된 초보 요리사의 요란한 소음과 새콤한 토마토소스 냄새에 홈스테이에 머물던 태국친구들이 하나 둘 밖으로 모여들기 시작했다. 때마침 양 조절에 실패해서 다 함께 나눠먹었는데, 착한 친구들은 맛있다고 엄지를 척! 들어준 것도 모자라 보답으로 태국요리를 만들어 주었다. 매운 걸 좋아한다고 했더니 쏨땀(태국식 파파야샐러드)에 매운 고추를 잔뜩 썰어 넣어주었는데, 매워서 눈물이 찔끔 났다. 아, 불닭 볶음면의 민족이 태국 고추에 패배했다!

스무살은
처음이라

　할 줄 아는 요리라곤 고작 1인분의 라면 끓이기가 다였던 내가 이번 여행을 통해서 요리에 큰 관심이 생겼다. 배우는 것에 욕심이 생겨서 쿠킹 클래스에 가기도 하고, 우리나라에 놀러오면 맛있는 한국음식을 만들어 주겠다는 무모한 약속을 덜컥 하기도 했다. 아직은 만드는 재미를 느끼기보단 만든 음식을 함께 나눠먹는 즐거움에 매력을 느끼는 중이다. 물론 맛은 보장 못한다!

푸아를 찾아서
||||||||||||||||||||||||||||||||||||

무작정 터미널에 찾아가 "푸아!! 뿌아!"를 외쳐대니 창문에 유리가 없는 작은 고철버스에 나를 태워주었다. 한 시간쯤 달렸을까, 도착했다는 버스기사에 말에 허둥대며 내리니 웬걸, 완전 허허벌판이다.

스무살은
처음이라

일단 걸었다. 정 모르겠으면 택시를 잡아타면 되겠지 싶었다.

그런데 아무 것도 나오지 않았다. 심지어 길가에 지나가는 택시 한 대 없었다. 그렇게 한참을 떠돌다 이 길목에서 가장 큰 건물에 들어갔다. 은행이었다. 영어가 통하지 않는 그들에게 손짓 발짓을 써가며 도움을 청했다. 은행직원, 업무를 보던 손님, 너나 할 거 없이 길을 잃은 날 위해 머리를 맞댔고, 그들은 종이에 그림 한 장을 그려 내게 쥐어주었다. 그렇게 찾아낸 썽태우 정류장.

　피부색 다른 여행객은 오랜만인지 다들 당황한 기색이 역력하다. 다른 곳이라면 물가 모르는 초짜 여행객을 잡기 위해 기를 쓰고 달려들 텐데, 이곳 아저씨들은 슬금슬금 눈을 피한다. 현지어로 적힌 지도를 들이밀며 이곳에 가고 싶다고, 그런데 나 돈이 이 정도밖에 없다고 말했다. 처음에는 "그 가격엔 못 가!" 하고 단호히 거절하던 아저씨도 나의 간절한 눈빛에 마지못해 "에라이! 그래, 가자!" 하신다.

　우여곡절 끝에 그토록 오고 싶었던 곳에 다다랐다. 가슴이 쿵쾅거렸다. 30바트짜리 아이스라테 두 잔을 시켜 나를 이곳까지 데려다준 아저씨께 하나 내밀었다.

　그래, 나 카페 하나 온다고 무작정 여기까지 와버렸다.

논밭에서 사진 하나 찍겠다고 이 개고생을 함!

라껀, 태국!

자전거로 가지 못했던 경사진 오르막을 가뿐히 넘을 수 있게 되었을 즈음, 난을 떠나기로 했다. 도시와 이별하는 게 힘든 건 이번이 처음이다. 숙소 고양이들의 머리를 두어 번씩 쓰다듬어주는 걸 끝으로 라오스행 롯뚜에 올라탔다.

차로 국경을 넘을 수 있다니! 분단국가에 살고 있는 나에게는 정말이지 신기한 경험이었다. 지금껏 나라 간 이동은 비행기로만 할 수 있다고 당연하게 여겨왔는데…. 역시 난 영락없는 우물 안 개구리다. 어느 순간부터 태국 심이 터지지 않고 묘하게 다른 분위기가 나는 걸 보니 내가 진짜 차 한 대로 라오스 국경을 넘어왔구나 싶었다. 처음이라 많이 쫄았는데, 생각보다 무지 간단했다. 차로 국경을 넘고, 출입국 카드를 작성한 후 이미그레이션을 통과하면 끝! 하지만 늘 그렇듯, 내 여행은 그리 순탄하지 않다.

　문제는 국경 마을 므앙은의 버스터미널에서 생겼다. 여행객들이 많이 가는 루앙프라방이나 방비엥, 비엔티안으로 가는 직행버스가 없다는 건 알고 있었는데, 이렇게 일찍 버스가 끊길 줄은 몰랐다. 시간대가 점심 쯤인데도 경유지로 가는 버스가 한 대도 남아있지 않았다. 옆에 있던 택시기사는 내게 말도 안 되는 비싼 금액을 제시했고, 나는 차라리 노숙을 하면 했지 그 돈을 낼 수는 없다고 단호히 거절하고 돌아서려는데, 저 멀리 국수가게 아주머니가 나를 불렀다. 터미널 바로 뒤에 작은 숙소가 있으니 그곳에서 하루 머물고 가란다.

　푸세식 화장실이 함께 딸려있어 방안이 온통 퀴퀴한 냄새로 가득하고, 먼지와 거미줄이 벽을 둘러싸고 있어 선풍기 켜기가 겁나는 좁은 방이었지만, 지금 내가 그런 거 따질 상황인가. 안전히 문 걸어 잠그고 몸 뉘일 곳만 있으면 감지덕지인 나는 냉큼 체크인을 했다. 버스 시간까지 22시간 정도 남은 지금, 나는 무엇을 해야 할까.

싸바이 디, 므앙은!

|||||||||||||||||||||||||||||||||||||||||

예상치 못한 것들이 주는 뜻밖의 즐거움이 있다. 아마 여기를 두고 하는 말인가 보다.

처음 이곳에 발이 묶일 때만 해도 참 막막했는데, 지금은 오히려 떠나기 아쉬운 심정이다. 방에 벌레가 많기도 하고 또 너무 더워서, 1시가 넘어가면 일찍 문을 닫는 터미널에 피난을 갔다. 그곳에서 아주 미세하게 터지는 태국 심카드에 의지해 엄마에게 연락을 하고, 파란 의자에 몸을 누워 지친 몸을 달래려 하는데, 라오스 사람들이 좀처럼 나를 가만 두지 않는다.

낮잠을 자는 나를 옹기종기 모여 앉아 구경하는 아이들. 차를 기다리는 줄 알고 굳이 자는 나를 깨워 오늘은 차가 없다고 알려주는 젊은이들과 내일 내가 탈 밴 아저씨를 데려와 날 빼놓지 말라고 당부하는 슈퍼 아주머니, 번역기를 들고 와 내게 라오 말을 가르쳐 주는 아저씨들…. 휴대폰도 터지지 않는 이곳에서 대체 무얼 하며 하루를 보내나 막막했는데, 오랜만에 시끌벅적한 하루를 보냈다.

무사히 하룻밤을 지새웠다.(사실 조금 무서워서 노래를 틀고 불도 켜고 신발도 신고 잤다.) 수도시설이 없어 남아 있는 생수로 대충 얼굴을 씻고 밖으로 나오니 어제 그 밴 아저씨가 "싸바이 디(안녕)!" 하고 인사를 건넨다. 떠날 때가 된 것이다.

"너 혼자서 왔니? 심심하겠다."
"괜찮아. 내일 루앙프라방에 가면 한국인이 엄청 많을 걸?"
내 말에 고개를 갸우뚱한다.
"라오스는 한국에서 엄청 유명해!"
또 다시 고개를 갸우뚱한다.

한국인 여행객들로 일 년 내내 북적한 라오스. 오죽하면 방비엥은 라오스의 가평이라고 불릴까. 그런데 이곳 사람들은 한국이라는 나라 자체가 생소해 보인다. 하긴, 처음 번역기를 들이밀 때 코리언이라고 소개했음에도 중국어로 번역을 해줘서 당황하기도 했다. 이곳은 그런 곳이다. 태국과 라오스, 라오스와 태국을 이어주는 작은 산골마을. 종일 아이들의 웃음소리가 끊이지 않는 곳. 낯선 이방인을 따뜻하게 안아주는 곳. 한동안, 아니 어쩌면 꽤 오랫동안 때 묻지 않을 그런 곳. 그리울 것이다.

스무살은
처음이라

선물
||||||||||

많은 한국친구들과 함께 물놀이도 하고 튜빙도 하는 부푼 꿈을 안고 라오스에 떨어졌건만, 다들 어디에 숨었는지 도통 보이지 않는다. 밖을 나가 다섯 걸음만 떼도 한국인을 만날 수 있었지만, 그 누구도 나처럼 친구가 필요한 것 같지 않았다. 외로운 애는 나뿐이었다.

그러던 중 루앙프라방(Luang Prabang)의 어느 게스트하우스에서 진희 언니를 만났다. 까맣게 그을린 피부, 탈색모와 대조되게 잔뜩 자란 뿌리 머리카락, 마른 체구의 그녀가 짊어진 커다랗고 뚱뚱한 여행용 배낭이 지금까지 꽤 긴 여정을 거치고 이곳에 온 여행자라는 걸 알게 해주었다.

눈이 마주치자마자 반가움에 큰소리로 "안녕하세요!!" 하고 외쳐버렸다. 좀 오버인가 싶었는데, 언니는 나보다 더 큰 리액션으로 나를 반겨주었다. 예상대로 언니는 6개월 동안 긴 세계여행을 마치고 동남아에 왔다고 했다. 그런데 세상에, 오늘이 초면이 아니었다. 언니는 이전에 책으로 먼저 나를 만나보았고, 심지어 내 책 『우물 밖 여고생』이 5년을 다니던 건축회사를 그만두고 여행길에 오르게 만든 계기 중 하나였다는 이야기를 들었을 땐 기분이 이상했다. 뭔가 뜨겁고 벅찬 것이 내 가슴을 간지럽혀서 나는 자꾸만 얼굴이 빨개졌다.

고작 책 한 권 냈다고 해서 스스로를 작가라 소개하는 건 참 뻘쭘한 일이다. 여행 작가가 갖추어야 할 조건을 늘어놓고 점수를 매긴다면 나는 보나마나 빵점짜리 작가일 테니 말이다. 나는 독서광도 아니고, 남다른 글재주도, 그렇다고 엄청난 여행기나 정보를 가지고 있는 사람도 아니니까.

하지만 이런 나의 빵점짜리 여행을 좋아해주는 사람이 있단다. 서툴지만 솔직한 내 글을 진심으로 읽어주는 이들이 있단다. 오늘 만난 진희언니처럼, 누군가의 도전에 크든 작든, 가치가 있든 없든 용기를 보탤 수 있다는 건 그 자체로도 너무 벅차서 눈물이 날 것만 같다.

누군가는 읽어주고 있다는 것. 그리고 그게 나를 행복하게 한다는 것.

중요한 건 이거였다. 자격 운운하며 스스로를 평가하는 건 정말이지 바보 같은 짓이었다. 설령 진짜 빵점짜리면 뭐 어때! 나를 점수 매기지 않는 그들을 위해서라도 나는 평생 까불며 글을 쓸 거다!

  나를 만난 날이 때마침 생일이었던 진희언니를 위해 나는 비어라오를 한 병 샀다. 혼자 빵집에 가서 케이크에 촛불을 불었다던 언니는 나와의 만남이 큰 생일선물을 받은 것마냥 행복하다고 말했다. 나 또한 언니를 만나 들뜨고 기뻤다. 마치 오늘이 내 생일인 것처럼, 언니는 내게 갑작스럽게 찾아온 따뜻한 선물이었다.

단팥 없는 코코넛 빵
||||||||||||||||||||||||||||||||||||||

스무살은
처음이라

미얀마에서 만났던 올이 내게 다음 여행지는 어디냐 물었다.

"일단 태국으로 갈 거고, 그 다음은 모르겠지만 라오스에 가고 싶어!"

"오, 그럼 너도 블루라군에 가겠네. 거기 한국인들 진-짜 많더라!"

"으음…. 블루라군보다 난 코코넛 빵이 꼭 먹어보고 싶어! 휴대폰에 사진도 저장해놨어. 봐봐, 진짜 귀엽게 생겼지?"

"하하, 정말 너다운 생각이다. 세상에서 가장 귀여운 이유네!"

나의 라오스에 블루라군은 없었다.

누군가는 묻는다. 그럼 대체 그곳에서 무엇을 했느냐고.

에펠탑 없는 파리, 우유니 없는 볼리비아, 블루라군 없는 라오스가 앙금 없는 단팥빵이라고 느낄 수 있겠지만, 나의 라오스는 애초에 단팥이 필요 없는 코코넛 빵이었는 걸!

저마다 그 나라를 맛보는 방법은 아주 다양하다. 모두가 시그니처 메뉴를 고른다고 해서 나까지 그걸 집어들 필요는 없다. '한 입만!' 하고 입을 벌려볼 사람은 이미 충분히 많으니까. 가끔은 그냥 이름이 예뻐서, 생긴 게 귀여워서, 무슨 맛인지 궁금해서 같은 단순한 이유대로 행동해도 괜찮다. 생각보다 언어 걸릴 때가 꽤 많다.

너무 일찍 어른이 된 너에게

그땐 내 마음이 휘청거렸을 때였어. 상처를 받았었거든. 그런데 너무 이상한 건 머리로는 너무 화가 나는데 마음이 담담했어. 마치 아무 일 없다는 듯이 나는 계속 여행을 이어가고 있었으니까. 그러다 너에게 모든 걸 털어놓았어. 나 이런 일이 있었는데, 그래서 분명 화가 나야 하는데 아무렇지 않다고. 내가 왜 이러는지 나도 잘 모르겠다고. 내 감정을

누가 다 먹어버린 것 같다고. 그게 너무 이상하다고. 내 말을 끝까지 들어주던 너는 마치 네 일인 양 욕을 퍼부으며 대신 화를 내주었어. 그리고 말했지.

　– 슬기야, 네가 너무 일찍 어른이 된 거 같아서… 나는 그게 참 슬프다?

　너의 말에 내 샘에 쌓아둔 둑이 무너지기라도 하듯 오랜만에 아이처럼 펑펑 울었어. 약해보이기 싫어서 꾹꾹 참았던 것들이 어느새 내 감정들을 고장 내기 시작한 거야. 슬프면 슬프다고, 아프면 아프다고 말하는 게 그리 어려웠을까. 음, 그래. 나 그거 좀 어려워했네.

　그렇게 한바탕 울고 나니 마음이 한결 나아지더라. 여전히 담담했지만 더 이상 내 감정의 찌꺼기들이 날 괴롭히지는 않았어. 나 꽤나 솔직한 애라고 생각했는데, 실은 엄청난 거짓말쟁이였던 거야. 심지어 스스로를 속이고도 속고 있는 줄 모를 정도로 말이야. 철든 어른이 되길 기대하는 사람들 사이에서 넌 지금 철부지 아이여야 한다는 말이 얼마나 날

숨통 트이게 했는지 몰라.

하긴, 스무 살 참 별 거 없더라. 우린 여전히 멋진 아이돌에 울고 웃으며 오빠들 이야기로 밤새 떠들 수 있는 영락없는 깨방정 소녀들인데. 아직 '어른'이라는 단어는 나와 거리가 너무 멀어서 내게 어울리지 않아 불편해. 미안, 나 혼자 다 큰 척 재수 없이 굴어서. 그리고 고맙다. 내 이야기에 "힘 내"가 아닌 "슬프면 그냥 울어 바보야!"라고 말해줘서.

네 말대로 이렇게 쭉 아이처럼 살고 싶다. 내 감정에 솔직하게, 마음 가는 대로, 조금은 철없이. 나, 그렇게 살고 싶어.

나중에 철 좀 들라고 잔소리하기 없기다?

오후 6시 30분
||||||||||||||||||||||||||||||||

세 번의 환승, 스물두 시간을 달려 도착한 곳. 시판돈(Si Phan Don)의 한 섬에 들어왔다. 아무것도 하지 않기 위해 찾아왔는데, 이곳에 온 모두의 목적도 나와 같았나보다.

해먹에 누워 늘어지게 잠을 자는 주인아저씨, 비어라오를 한 병 주문해 몇 시간째 나눠 마시는 아일랜드 존잘남, 메콩강 흐르는 소리를 들으며 종일 책을 읽는 독일 친구, 한 시간에 한 번씩 담배를 직접 말아 피는 미얀마 청년, 그리고 라오스 아이들과 우르르 몰려다니며 섬 동네방네를 들쑤시고 다니는 한국인 신슬기까지.

 아무것도 하지 않지만, 저마다 무언가에 바쁘게 열중하며 하루를 보내다 6시 30분, 우리는 약속이라도 한 듯 한 곳에 모여 함께 일몰을 본다. 그것이 각자의 유일한 일정이자 하루의 계획이었다.

 오후 6시 30분.

 이 시간의 나는 무척 감성적인 사람이 되곤 한다. 특히 저녁노을이 배경으로 깔린다면 더더욱. 하지만 오늘의 난 딱히 풀어낼 만한 감정도, 글감이 될 만한 영감도, 내 마음을 콕콕 찌르는 그 무엇도 없었다. 그저 나무의자에 앉아 이따금씩 발가락을 꼼지락거리며 지는 태양을 충실히 바라볼 뿐이다.

 며칠 비가 많이 내린 탓에 불어버린 메콩강은 힘차게 흘렀고, 털어도 떼어지지 않고 붙어있는 내 먼지 같은 것들은 강물에 씻겨 내려가듯, 그렇게 사라지고 있었다.

 아– 아무 생각 없이 사는 건 정말 힘든 일이야.

천진하고 해맑은 돈뎃섬의 아이들

나를 졸졸 따르던 아기고양이.
진흙 투성이인 바닥을 굴러다니길래 내 가방을 잠시 집으로 내어주었다.

스무 살의 색

나의 스물은 핑크빛으로 가득할 거라 생각했지만, 정작 지난날을 돌이켜보면 내 스물은 노랑이었다. 단순히 귀엽고 유치한 매력이 있는 색이라 여겼었는데, 나의 노랑은 닭이 되려는 병아리 같기도, 귀엽게 매달린 망고 같기도, 반짝거리는 별 같기도 했다.

STICK NO BILLS
禁止招貼

147

마음이 그래서
||||||||||||||||||||||||||||||

스무살은
처음이라

정신을 차려보니 베트남이었다.

정말이지 내 여행스타일은 가끔 나조차도 질릴 때가 있다. 애초에 계획이란 게 있지도 않았지만, 흐름을 무시하고 마음 가는 대로 저질러버리는 건 스스로도 꽤 골치가 아팠다. 원래는 라오스에서 다시 태국으로 돌아가 한국에서 오기로 한 태성오빠를 기다리기로 했었다. 그런데 대뜸 라오스 남부로 내려와 버렸고, 팍세에서 베트남으로 가는 표가 너무 저렴했으며, 그래서 지금 엉뚱하게 다낭(Da Nang)에 와버렸다는 말을 이렇게 장황하게 늘어놓는 중이다. 혼자 여행하는 시간도 꼭 필요한 거니 우리 일주일 뒤에 만나자는 잔뜩 포장질한 내 톡에 오빠는 한마디로 응수했다.

'배신자.'

뭐 어쩌겠어. 나도 나를 잘 모르겠는데—

그런데 이상하게 이렇게 즉흥적으로 간 도시는 늘 성공이더라.

다낭 같은 휴양지는 내 입맛이 아니라고 떵떵거렸는데,

미케해변을 보는 순간 난생처음 바다를 본 어린애마냥 방방 뛰었어.

마음이 시켜서였을까.

마음이 불러서였을까.

잘은 모르겠지만

이런 내 행동이 배신이라면

나는 완벽하게 나쁜 배신자일 거야.

쏘리….

초코바는 가방 속에

|||||||||||||||||||||||||||||||||||||||||

라오스를 떠나기 전 팍세(Fakse)에 있을 때 남은 돈을 탈탈 털어 까오삐약 한 그릇과 초코바 하나를 샀다. 국수만으로도 충분히 배가 불렀던지라, 간식으로 먹으려던 초코바는 가방 한구석에 잠시 밀어 넣었다.

잠깐 눈을 붙였다가 차를 타기 위해 새벽 4시에 길거리로 나왔다. 토요타가 맞냐고 수차례 물어 예약을 해도 결국 다 쓰러져가는 구형 스타렉스를 타게 되는 건 이제 동남아를 여행하며 허허 웃어넘길 수 있는 일 중 하나가 되었다. 에어컨이 나오는 것만으로 이미 내겐 일등석이나 다름없다. 몸집 크고 다리 긴 서양인 세 명과 짜리몽땅한 나를 맨 뒷좌석에 고집스럽게 구겨 넣는 업체가 원망스럽기도 했으나, 몸을 거의 반으로 접고 있는 친구들을 보니 그냥 꾹 참아보기로 한다. 난 다리가 짧아서 얼마나 다행이냐. 다낭까지 12시간만 버티면 된다. 물론 좁아터진 공간 덕분에 군것질은 물 건너갔지만.

　다낭여행을 마치고 달랏(Da Lat)으로 가는 슬리핑버스를 탔다. 논스탑이라고 했지만 역시나 개뿔! 환승을 세 번이나 해야 했고, 평소 같았음 허허 웃어넘길 일이었지만 밥 먹을 시간조차 주지 않는 탓에 화가 난 상태였다. 거의 세 끼를 거르고 있는데… 나 굶기면 꽤 예민해진다.(불행인지 다행인지 환승 텀이 너무 짧아 식당을 찾을 시간이 없었다.)

　결국 마지막 환승지에서도 아무 음식을 먹지 못하고 버스에 올라타야만 했다. 시간은 저녁을 지나 새벽을 향하고 있는데, 배가 너무 고파 그런지 잠이 오지 않았다. 이어폰을 꽂고 졸린 리듬의 노래를 들으며 어떻게든 자려고 애를 쓰는데, 그때 딱 머릿속에 파란색 봉지가 떠올랐다. 맞다, 가방 속에 초코바 하나 있잖아!!

허겁지겁 가방을 뒤져 깊숙이 꿍쳐놓은 초코바 봉지를 잡아 꺼냈다. 이미 다 녹아서 포장지에 초콜릿이 덕지덕지 붙은 못난 모양새였지만, 신슬기 인생 한정 세상에서 가장 맛있는 초코바였다. 쿨쿨 자는 사람들에게 방해가 되지 않게 누운 채로 조용히 야금야금 아껴 먹었다. 이제 이어폰에선 경쾌한 edm이 흘러나오고 있었다. 손가락만한 초코바 하나로 하루의 굶주림을 채우기는 턱없이 부족했지만, 포만감 그 이상의 달달한 위로 덕분에 나는 기분 좋게 잠에 들 수 있었다.

때마침 팍세에서 배가 부르길 잘했다. 때마침 좁아터진 밴 안에 외국인들과 부대껴가길 잘했다. 덕분에 잊고 있던 초코바 하나가 정말 절실할 때 내게 와주었으니까.

내 삶 곳곳에도 작은 초코바 하나쯤 숨겨놓는 게 좋겠다. 나의 허기짐을 달랠 수 있도록, 도저히 참지 못할 것만 같을 때 가방 깊숙한 곳에서 꺼낼 수 있는 여행의 조각, 나의 사람들, 고양이나 노래쯤은 달콤한 초코바로 만들어 숨겨놓는 게 좋겠다.

철부지 소녀
||||||||||||||||||||||||||

여행 한 달 반 만에 보는 바다에 잔뜩 신이 난 건지 다낭에 머무는 5일
내내 해변에 갔다.

그날도 어김없이 벙거지모자 속에 얼굴을 숨기고 어깨에 수건 한 장
달랑 걸친 채 리조트를 가로질러 해변으로 향했다. 2만동짜리 파라솔을
하나 빌려 잘 읽지도 않는 책을 공연히 뒤적거리다 잠이 올 즈음 바다로
뛰어들었다. 사실 잠이 확 깰 만큼 차갑지는 않았고, 어릴 적 자주 물장

구치던 동네 목욕탕의 '안마탕' 정도 되는 따뜻한 바다였다. 수영을 못해서 해엄은 무리였지만, 팔다리에 와 닿는 물의 감촉이 좋아 열심히 휘적거리긴 했다. 물론 얼마 못 가 잔뜩 기운이 빠져 벤치에 벌러덩 뻗어버리는 나였지만.

발바닥에 붙은 모래를 떼어낼 기운도 없이 물놀이를 즐기고 난 후 내가 하는 일은 콜라 한 병을 얼음컵에 부어 목구멍이 따가울 만큼 들이키는 것. 젖은 몸을 말리며 가만히 누워 있는 것. 그러다 가끔씩 눈알을 또르르 굴리며 사람들을 구경하는 거였다. 그날 내 눈에 들어온 이들은 한국인. 내 또래의 예쁜 친구 둘이었는데, 서로 공주처럼 옷을 맞춰 입고

와서는 해변을 배경으로 사진을 찍고 있었다. 그 친구들과 휴대폰 액정에 비친 내 모습을 번갈아보는데, 이유 모를 울컥함이 터졌다. 갑자기 막 우울하고 외로워지는 게, 아무튼 이상하고 짜증나는 감정이었다.

숙소에 돌아와 왜인지 곱씹어보니 너무 부러워서 그랬나보다. 나도 저렇게 꾸밀 수 있는데…. 나도 멋 내고 싶다아!!! 수수함이 매력인 사람이 되겠다 다짐할 땐 언제고, 예쁜 옷 입고 싶다고 찡찡대는 걸 보니 역시 난 철부지 소녀임이 틀림없다.

만 원짜리 시장표 선글라스를 괜히 한 번 씩 껴봤다. 오랫동안 다른 짐들에 눌려 안경다리가 주저앉은 선글라스를 나의 낮은 코에 걸쳐보니 모양새가 퍽 웃기고 딱하다.

그날 밤 잠들기 전 '한국에 돌아가면 할 것' 목록에 하나를 더 추가했다.

– 작정하고 멋 내기!!

스무 살은 처음이라
||||||||||||||||||||||||||||||||||||||||||||||

　대학입시에서 모조리 떨어졌을 때, 저의 12년 학창시절은 실패라고 생각했어요. 여태껏 대학만 보고 달려온 평범한 인문계 학생이었으니, 그런 생각도 당연했지요.

　길을 잃을 거라 생각했는데, 오히려 많은 길이 열렸어요. 실은 원래부터 나있던 길인데 제가 보지 못했던 것들이었죠. 표지판이 없는 곳도 있었고, 많은 이들이 주저앉아 포기하고 마는 곳도 있었어요. 저도 이따금씩 이런 생각이 들었지요.

'내가 왜 이 길을 선택했을까.'

후회할 때도 있었지만 그래도 멈추지 않았어요. 저는 많은 사람들을 만났고, 새로운 것들을 경험하고, 많이 아팠고 또 사랑했지요. 나무가 옷을 입고 또 잎을 떨어트리니 저는 어느새 스무 살의 끝자락에 다다랐어요. 돌이켜보니 참 행복했네요. 저 정말 행복했어요.

살면서 무수히 경험하는 실패가 사실 비극이 아닌 큰 기회일지도 모른다는 생각이 들어요. 제겐 대학 진학의 좌절이 그러했고, 그래서 저는 저의 학창시절이 더 이상 실패였다고 생각하지 않아요.

여행을 하다 보면 정말 많은 갈림길을 만나게 돼요. 잘 다져진 고른 땅과 비포장도로 사이에서 고민하는 게 바보같이 느껴지겠지만, 저는 고민 끝에 후자를 선택할 때가 많아요.

"편한 길을 놔두고 대체 왜?!"라고 물으신다면

제 대답은 "나도 몰라! 그냥 가보고 싶었어!"랍니다.

그래요, 제 스무 살이 그렇습니다.

얼렁뚱땅 막무가내 휘청휘청, 하지만 끝내 반짝일 거라고 굳게 믿어요. 달리 무슨 방법이 있겠어요? 우리 모두 스무 살은 처음이잖아요!

스무살은
처음이라

단짠단짠 베트남

베트남을 한마디로 표현하라면 '단짠단짠'이라고 하겠다.

버스표를 구하기 위해 3일 내내 여행사를 샅샅이 뒤지고 다녔을 때

아, 여기 여행하기 참 힘들다 생각했다.

5일째 가던 똑같은 바다가 좋아하는 핑크빛으로 물드는 걸 보았을 때

아, 여기 사는 사람들 참 부럽다 생각했다.

바보같이 택시비를 10배로 쥐어주고 또 똑같은 실수를 저질렀을 때

아, 여기 사람들 웃음은 다 가짜라고 생각했다.

목욕탕 의자에 쭈그려 앉아 국수를 말아먹는 내게 달걀을 한 개씩 더

넣어주던 아주머니를 만났을 때

아, 여기 참 사람냄새 난다 생각했다.

버스를 예약해도 다 쓰러져가는 밴이 오는 나라,

　자리가 없어서 짐칸에 실려 가는데 설상가상으로 비 오는 산 중턱에서 타이어까지 터졌을 때

　아, 여기 정말 진절머리 나는 나라라고 생각했다.

　3천 원이면 모히또 칵테일을 두 잔이나 마실 수 있는 나라, 그중 한 잔을 누군가에게 선물 받았을 때

　아, 잠시 이곳에서 살아도 좋겠다 생각했다.

　달다 싶으면 곧바로 씁쓸해지고 물린다 싶으면 다시 달콤해졌다.

　쓴 가루약을 힘겹게 먹고 나면 엄마가 보상으로 주었던 달달한 캔디처럼 만신창이가 된 나에게 베트남은 늘 옛다! 하고 아름답고 찬란한 것들을 주었다.

　밉지만, 미워할 수가 없는 나라.

　사랑하지 않지만, 사랑스러운 나라.

　베트남이다.

스무살은
처음이라

그저 지금 이 시간
||||||||||||||||||||||||||||||||||||||||

체구가 작다는 이유로 지프차의 가장 불편한 트렁크+목욕탕의자 자리
에 앉게 되었다. 170cm는 거뜬히 넘을 듯한 덴마크 언니 둘에 끼여 몸이
꾸깃꾸깃해진 나는 '제발 빨리 숙소에 도착해 주세요.' 하고 간절히 빌
었다. 그래도 차와 오토바이로 얽히고설킨 베트남의 일반적인 도로와는
달리 뻥뻥 뚫린 무이네(Mui Ne)의 도로를 달리는 건 그 자체로도 마음이
한결 시원해졌다.

지프는 꽤나 빠른 속도로 달리고 있었다. 해가 뉘엿뉘엿 지는, 내가 가장 좋아하는 시간 6시 30분.

감상에 젖을 새도 없게 차는 덜컹거렸고, 나는 고정되지 않은 목욕탕 의자에서 떨어지지 않기 위해 안간힘을 주며 버팅기기 바빴다. 그러던 중 내 앞으로 오토바이 한 대가 날아왔다. '날아왔다'는 표현이 적합할 정도로 오토바이는 당장이라도 튕겨져 나갈 듯이 속력을 내며 달리고 있었다. 저 멀리 점만 한 크기로 보였던 오토바이는 이내 부아앙, 소리를 내며 우리 차를 추월해갔다. 순간 이런 생각이 들었다.

'뭐가 급해서 저리도 안달일까?'

보는 내가 다 아찔할 정도의 위험한 질주를 하는 청년이 걱정되면서도 한편으로는 이해가 되지 않았다. 아무리 급해도 그렇지 저건 너무 위험한데….

지프는 모래언덕을 벗어나 어느덧 해안가에 들어섰다. 길이 익숙한 걸 보니 숙소가 있는 마을로 들어선 거 같았다. 차는 여전히 빠른 속도로 달리고 있었고 나도 여전히 몸에 잔뜩 힘을 실은 채 빳빳하게 앉아있었다. 좋아하는 노을이 바다를 껴안으며 지고 있는데, 힘이 들었는지 도저히 눈길이 가지 않았다. 그런데 그 순간, 익숙한 오토바이 한 대가 내 눈을 스쳐지나갔다. 설마 하고 봤더니 맞다, 아까 그 오토바이다. 첫 데이트에 지각을 해버린 사람마냥 미친 듯이 달릴 때는 언제고, 해안가 도로 한구석에 오토바이를 세워두고 심지어 헬멧까지 벗은 채로 청년은 지는 해를 바라보고 있었다. 그가 절대 멈출 것 같지 않던 오토바이를 세운 이유가 그저 지금 이 시간의 해를 보기 위해서라니.

와…, 인생은 저렇게 살아야 하는 거구나.

나는 저 청년처럼 스스로에게 해질녘의 시간을 주었던가.
부끄러움에 고개를 숙였다. 오늘의 노을은 저 청년에게 모두 다 양보해야만 할 것 같았다.

스무살은
처음이라

툭툭, 망고, 그리고 나
|||||||||||||||||||||||||||||||||||||||||||||

나의 첫 캄보디아는 중학생 때였다. 학교 도서관에 꽂힌 노란색 책 표지에 이끌려 우연히 읽게 된 청소년 소설이었는데, 배경이 캄보디아였다. 책으로 느낀 이 나라의 첫인상은 '툭툭이'라고 불리는 교통수단이 많고, 사람들이 매일 망고를 먹는 나라, 그리고 한국인 관광객이 많은 곳이었다.

'진짜' 캄보디아는 처음인데도 어쩐지 친근한 느낌이 들었다.

툭툭도, 망고도, 그리고 한국인 관광객들도 모두 책에 적힌 그대로였다. 꾀죄죄한 내 모습 덕에 아무도 나를 한국인이라 생각해주지 않았지만, 아무튼 나도 관광객이 되어 한 손엔 망고 대신 망고주스를, 동남아 여행 처음으로 툭툭을 타고 앙코르유적지로 향했다. 정석인 일정대로 하루를 보내는 건 거의 처음이었다. 유적지에 큰 관심이 없는 나였지만 음, 뭔가 책에 나온 대로 캄보디아를 즐기고 싶었달까. 물론 아침 8시에 시작하는 선셋투어를 오후 1시로 미루고, 빗방울이 떨어지자 5시쯤 집에 가자고 조르는 건 마지막까지 포기 못한 어쩔 수 없는 나의 게으름 탓이었지만.

자세히 보아야

그거 알아요? 서울의 밤하늘에도 별은 떠있다는 거.

무심코 올려다본 하늘에는 언제나 별이 있어요.

처음에는 보이지 않지만 한 곳을 뚫어져라 바라보고 있으면

어느새 작은 별 하나가 반짝, 하고 속삭여줘요.

"나 여기에 있어." 하고요.

그 속삭임에 이끌려 밤하늘과 눈빛을 주고받다 보면

"나도 여기에 있지." 하고 또 다른 별 하나가 말을 걸어요.

우리에게 필요한 건 밤하늘에 떠있는 별님의 수가 아니었어요.

중요한 건 그들을 향한 애정 어린 시선이었죠.

나의 밤하늘에는 몇 개의 별들이 떠있는지,

저는 오늘도 그것을 세어보아요.

제 인생, 제가 알아서 할게요!

사람들이 물어요. 왜 여행을 하냐고.

뻔한 대답일지도 모르겠지만 제가 여행을 하는 이유는 단순해요.

"내가 좋아하는 거니까요!"

맞아요, 저 좋아서 여행해요. 가슴 뛰고 웃음이 나서, 당장은 그게 너무 좋아 여행을 해요.

어른들은 말해요. 평생 좋아하는 것들만 하며 살 수는 없다고.

알아요. 그러기엔 이 세상이 만만하지 않다는 것도요.

그런데요, 아깝지 않을까요?

좋아하는 게 있다는 건 그 자체로도 엄청난 축복이잖아요. 이렇게 순수한 감정으로 꿈을 꿀 수 있다는 건 지금 우리만의 특권이잖아요. 좋아하는 것만, 하고 싶은 것만 하며 살 수는 없지만, 적어도 무엇을 하며 살지는 내가 정할 수 있는 거잖아요.

"너 그러다 나중엔 어떡할래?"

왜 끝은 항상 불행할 거라 생각하나요?

그럼 '나중을 위해서' 하는 일들은 정말 우리에게 행복한 미래를 보장해 주나요? 저는 언제 올지도 모르는 나중을 위해서 살고 싶지 않아요. '현재를 살고 있는 나'를 위해서 살고 싶어요.

아직은 그래도 된다고 생각해요. 좋아하는 걸 좋아한다고 말하고, 실패를 두려워하지 않으며 넘어져도 헤헤 웃어도 괜찮을 때. 인생에 한번쯤은 이래도 되는 거잖아요. 근데 그게 지금 아니면 대체 언제요?

누군가 제게 행복하냐고 묻는다면 저는 1초의 망설임 없이 이렇게 답할 거예요.

"네! 완-전요!!"

인어공주 도전기

|||||||||||||||||||||||||||||||||

30시간가량 버스를 타고 간신히 다시 방콕에 왔다. 태성오빠를 만나기 위해서였다.

"야 신슬기! 너 꼴이 그게 뭐야!!"

"아니 잠깐, 오빠 여권 좀 까봐. 나 지금 사와디 캅 할 뻔했잖아."

새카맣게 탄 피부, 며칠 못 씻어서 꼬질꼬질한 나와 휘황찬란한 꽃무늬 옷을 입고 수염까지 기른 오빠가 만나니 그야말로 환장의 조합이었다. 사실 만나면 감동이 밀려와 포옹부터 할 거라 생각했는데, 복잡한 카오산로드에서 서로의 얼굴을 보자마자 누가 먼저랄 것도 없이 웃음이 터지고 말았다. 아, 아무리 생각해도 그때 오빠의 모습은 좀 너무했다.

재회기념으로 쏨땀에 맥주를 마신 뒤, 피로를 씻지도 못한 채 다시 지긋지긋한 버스를 타고 12시간을 달려 선착장에 도착했다. 배가 뜰 때까지 바닥에 누워 쪽잠을 자다가 나를 깨우는 오빠의 목소리에 좀비처럼 일어나 배를 타니 드디어 그토록 오고 싶었던 따오(Ko Tao) 섬에 들어왔

스무살은
처음이라

다. 이틀 만에 두 나라를 패스하고 약 50시
간을 이동해야 했던 이 험난한 모험은 실
은 한 달 전 내가 뱉은 말 한마디에서
시작되었다.

"오빠, 나랑 스쿠버다이빙 배울래?"
그렇다. 나 또 사서 개고생하러 왔다!

1일차

3일 내내 이동만 한 탓에 몸의 컨디션은 떨어질 대로 떨어진 상태였
다. 트럭 뒤 칸에 실려 다이빙 샵으로 향할 때, 그냥 포기하자고 말할까
고민도 해봤지만, 그때마다 내 입에 말린 망고를 넣어주는 태성오빠 때
문에 나는 입을 꾹 다물 수밖에 없었다. 일단 상담을 받아보고 할지 말
지 결정하자 했던 우리였는데, 정신을 차리고 보니 이미 등록절차를 밟

고 있었다. 오늘은 무조건 쉴 거라
고 떼를 쓰던 나는 등록서류를 쓰
던 그 자리에 꼼짝없이 앉아 이론
교육을 받아야만 했다. 곱씹어보
면 교육을 받은 4일 중 이날이 가
장 힘들었다. 공부 너란 놈은 언제
해도 싫구나.

179

2일차

수영장 교육을 받는 날이다. 오픈워터 수강후기를 보면 모든 수강생들이 입을 모아 가장 힘들었다고 말하는 교육이었다. 결론만 먼저 얘기하자면 이날 동남아 여행 70일 만에 처음으로 마사지를 받았다. 강사님은 내게 물에 뜨는 법을 가장 먼저 알려주셨다. 온몸에 힘을 빼

고 편안하게 호흡하며 누우면 몸이 뜬다는데, 진짜다! 19년을 살면서 처음으로 물에 떴다! 아직 익숙지는 않아서 말 그대로 '물에 가만히 뜨는 것'만 가능하지만. 그래도 생전 처음 해보는 걸 단번에 해내니 꽤 자신감이 붙었다. 그리고 그 자신감은 본격적인 훈련에 들어가자마자 넘치는 수영장 물에 딸려 바닥에 내팽겨쳐졌다. 스노클에 들어온 물을 강한 호흡으로 밀어 빼내는 훈련인데, 내가 뱃심이 없는지 빼내지도, 숨을 쉬지도 못해서 자꾸만 물을 먹었다. 재채기를 오천 번쯤 하고, 수영장 물을 거의 다 마신 끝에야(과장 좀 해봤다) 나는 스노클에서 물을 빼내는 맨 첫 번째 훈련을 마칠 수 있었다. 그때 마음속으로 계속 웅얼거렸던 말은 이거였다.

'아씨, 이걸 왜 하자고 해서…. 이걸 왜….'

가장 열 받는 건 이거 하자고 한 사람이 바로 나라는 거다.

3일차

드디어 바다에 나가는 날! 설렘보단 걱정이 앞섰다. 나는 여전히 바다가 무섭고 빠삭하지 못한 이론지식은 자꾸만 스스로를 불안하게 만들었다. 하지만 나의 이 시시콜콜한 걱정은 따오의 미친 바다색을 보자 그곳에 퐁당 빠져 사라져버렸다.

"오빠오빠오빠!! 이것 좀 봐! 바닷물이 글쎄 파워에이드 색이라니까?! 와, 빨리 들어가고 싶어!"

그래, 여기 사람이 몇인데 나 구해줄 사람 하나 없겠어? 쫄지 마, 신슬기!

이런 마음가짐으로 바다에 뛰어들었다가 초장부터 물을 왕창 먹었다. 바닷물이 그렇게나 짠지 처음 알았다. 덕분에 정신 바짝 차리고 내 몸은 내가 지킨다는 생각으로 열심히 훈련에 임했다. 전날 수영장에서 했던 훈련과 똑같은데, 바다라는 공간이 주는 신비로움 때문인가, 그 느낌이 사뭇 달랐다. 훈련을 마치면 이후에는 바다 속을 유영한다. 가끔 물고기에 한눈이 팔려 강사님에게 주의를 받는 문제아였지만, 횟집 수족관에서 맨날 보던 성게 하나도 신기해 죽겠는데, 처음 보는 색으로 빛나는 물고기들 앞에서 굴러가는 눈알은 어찌 붙잡겠는가.

4일차

마지막 날이다. 힘들다고 툴툴거릴 땐 언제고 마지막이라 생각하니 괜한 아쉬움이 밀려왔다. 내친김에 어드밴스까지 확 따버릴까 고민했는데, 거센 파도에 뱃멀미를 심하게 앓아 속까지 게워내고 나니 '그래! 미루자! 따오에 다시 올 이유 하나쯤 만들어 놔야지!'라며 다이빙을 멈출 구실이 절로 만들어졌다.

"슬기 씨, 얼굴이 하얗게 질렸네. 입술도 파랗고…. 일단 누워서 들읍시다."

그렇게 나는 문제아로도 모자라 배 위에서 대자로 뻗고 수업 들은 불량아까지 되었다. 그래도 다행인 건 막상 바다 속으로 들어가면 아무 일 없다는 듯 편안해졌다는 것. 물에 뜨지도 못하는 맥주병이, 바나나보트를 타고 엉엉 울던 내가 공기통 하나 메고 수심 18m 아래까지 내려온 것

이다. 살에 닿는 물의 촉감도, 내 눈앞을 지나가는 물고기들도 정말 신기했지만, 정신이 멍할 정도로 신비로웠던 건 바다 속에서 올려다본 희뿌연 조각들로 흩어진 육지의 빛이었다. 물도 무서워하는 주제에 대뜸 스쿠버다이빙을 배우겠다고 마음먹

은 이유가 바로 이거였다. 물고기들이 올려다보는 육지는 어떤 모습일까? 아, 이건 도저히 상상이 안 되더라. 감도 오지 않았다. 그 궁금증을 못 이겨 결국 내가 바다에 뛰어든 거다.

　물론 내 마음처럼 쉽지는 않았다. 마지막 날에는 내 공기를 다 써서 강사님 보조호흡기를 물고 출수하고, 파도가 센 수면에서는 헤엄을 못 쳐서 강사님이 줄로 우리를 끌어주셔야 했다. 내가 봐도 참 가지가지 하는 제자였는데 엘리트 학생이라고 격려해주셔서 얼마나 감사했는지 모른다. 재형강사님, 다음에 갈 때는 조금 더 잘해볼게요…. 헤헤.

시기 좋게 내가 한국에 온 바로 다음날 PADI에서 보낸 내 스쿠버 자격증이 도착했다. 내 인생 첫 번째 자격증이 운전면허증도, 그 흔한 외국어 자격증도 아닌 스쿠버다이빙이라니!

"탱구야, 이것 봐라~ 누나 이런 거 딴 사람이야!"

스쿠버다이빙이 뭔지도 잘 모르는 동생 앞에서 괜히 에헴! 거리며 주름도 한 번 잡아보고, '오빠! 자격증 받았어? 또 다이빙하러 가고 싶다, 그치?' 같이 자격증을 딴 태성오빠에게도 연락해 그날의 감동을 다시 느끼기도 했다.

아무 재능이 없는 나라고 생각했는데, 이번 여행을 통해 나는 꽤 많은

걸 할 줄 아는 사람이 되어있었다. 라면 하나 겨우 끓이던 게 요리한답
시고 칼을 들 줄은, 넘어지는 게 무서워 배우지 못했던 자전거를 걷기
힘들다고 혼자 배워버릴 줄은, 조동사가 뭔지도 모르는 내가 외국인에
게 영어로 세종대왕을 자랑하게 될 줄은, 혼자선 물장구도 못 치는 내가
대뜸 바다 속으로 뛰어들 줄은 정말 꿈에도 몰랐다.

　근데 해보니까 되더라. 되게 별 거 없더라. 심지어 너무 재밌다! 무언
가를 배우는 게 이리도 재밌는 거였나? 지금껏 '배움'은 따분해도 억지
로 해야 하는 건 줄 알았는데, 이렇게 즐겁다니….

　아, 대체 학교는 왜 이걸 가르쳐주지 않은 거야?

신식당 in 프리덤비치

다이빙을 성공리에(?) 마치고 태성오빠가 한국으로 돌아가는 날까지 따오에 계속 머물기로 했다. 물놀이에 자신감이 붙은 나는 무조건 수영장이 있는 숙소를 고집했고, 결국 주변에 식당 하나도 없음 + 오르막길 짱많음 + 숙소가려면 산 타야 함 콜라보의 언덕배기 숙소를 얻게 되었다.

처음엔 걸어서 시내를 나갔는데, 걷다가 밥 먹은 게 다 소화되는 바람에 다음날 바로 스쿠터를 한 대 빌렸다. 물론 스쿠터는 "오빠, 운전 잘해?"라고 물으면 "야, 나 운전병 출신이야-"라며 거들먹거리는 태성오빠가 몰았다.

따오에 오는 사람은 대부분이 다이버라 갈만한 곳은 죄다 해변뿐이었다. 어디를 갈까 서치해보다 결국 망고를 좋아하는 우리는 '망고비치'를 가기로 결정했다. 참으로 단순하고 터무니없는 이유지만 더 어이없는 건 결국 망고비치는 찾지도 못했다는 거다. 중간에 길을 잘못 들어서 멈추지 못하고 계속 달렸는데, 우연히 '프리덤비치'라는 곳에 닿게 되었다. 입장료를 따로 받고 있었는데, 기왕 이곳까지 왔으니 한 번 가보자고 스쿠터를 세웠다.

미쳤다. 여기 바다색은 미친 게 분명하다.

'내가 생각하는 가장 이상적인 바다의 색'이라는 이름의 물감을 바다에 잔뜩 풀어놓은 거 같았다.

이곳에 도착하고 10분은 바다를 보며 멍을 때렸고, 30분은 왜 수영복을 가져오지 않았느냐고 서로를 꾸짖었다. 전속력으로 달리면 1분 안에 처음과 끝을 밟아볼 수 있는 작은 크기의 해변, 음식점이 한 곳뿐이지만 그마저도 널널할 만큼 인적이 드문 곳.

"여긴 분명 유명해질 거야! 얼른 우리가 이곳에 식당을 열어야 한다구!"

얼른 태국 요리를 좀 배워야겠다.

나무처럼, 고양이처럼
||||||||||||||||||||||||||||||||||||||||||||||||||

"오빠, 다음 생에는 뭐가 되고 싶어?"

우리는 전생이나 후생을 주제로 자주 술잔을 부딪쳤다.

오빠는 조용한 숲의 나무가 되고 싶다고 했다.

그러면 너무 외롭지 않겠냐는 내 말에 그건 지금도 마찬가지란다.

내가 가는 곳마다 고양이가 뒤따라오는 걸 보며
나는 꼭 전생에 고양이였을 거라 말한다.
뭐, 후생도 고양이가 된다면 나쁠 건 없다.

따오의 파도소리와 함께 맥주병을 부딪치면서
오빠는 다시 태어나면 물고기가 되는 것도 좋겠다 말한다.
생김새가 거북이를 닮았으니 차라리 거북이가 되라고,
물고기가 되면 고양이가 된 내가 오빠를 잡아먹지 않겠냐는 사뭇 진지
한 말에 오빠는 크게 웃으며 내게 마시다 만 맥주병을 내밀었다.
나도 따라 웃으며 기분 좋은 소리가 나도록 톡, 병을 부딪쳤다.

다음 생이 있을지, 있다면 우리는 무엇이 될지 전혀 알 수 없지만
적어도 우리 앞으로 남은 인생은
나무처럼, 고양이처럼, 물고기처럼,
그렇게 살아보는 거야.
나무처럼 우직하게
고양이처럼 사랑스럽게
물고기처럼 삶을 유영해보는 거지.

ps. 그래도 우리 다음엔 꼭 애인이랑 오자….

스무살은
처음이라

끄라비의 선물
||||||||||||||||||||||||||||

맘껏 퍼질러 쉬고 싶다는 생각이 들었던 터라 숙소 값이 비싼 따오를 벗어나 끄라비(Krabi)로 향했다. 대충 가격만 보고 예약을 했다가 시내에서 한참 떨어진 외진 곳에 머물게 되었는데, 다시 혼자가 되기도 했고 나에겐 휴식이 절실했으니 에어컨 방에 푹신한 침대가 있다면 아무래도 좋았다. 때마침 투숙객도 나뿐이니 더 바랄 것도 없다. 그렇게 이틀은 침대에 가만히 누워 좋아하는 영화를 보거나 음악을 들으며 보냈다.

- 첫 번째 인연

몸이 배길 정도로 침대에 찰싹 붙어있다 보니 또 요놈의 '후회할 짓 저지르기' 본능이 스멀스멀 피어오른다. 예전에 산 절벽에서 찍은 어느 외국인의 사진을 캡처한 적이 있는데, 거기가 태국 끄라비라고 했던 기억이 난 것이다. 휴대폰 갤러리를 뒤져 찾아낸 사진을 호스텔 주인언니에

게 들이밀며 여기가 어딘지 아느냐 물었다. 잘 알려진 곳은 아닌지 긴가
민가한 표정을 짓던 언니는 이내 구글지도를 보여주며 이곳 같다고 한
다. 탑칵항낙(Tab kak hang nak). 검색을 해보니 역시 맞는 거 같다. 여길
가고 싶다 하니 무조건 오토바이를 빌리거나 택시를 타야 한단다. 가격
이 만만치 않았지만 꼭 한 번 가보고 싶었으니 고민 끝에 택시를 불러달
라고 말했다.

그런데 글쎄, 나를 태워주겠다는 택시가 한 대도 없단다. 차라리 끄라
비 시내에서 관광객들을 태우는 게 돈이 더 벌리는지 모두가 날 거절했
다. 이대로 포기해야 하나 조금 풀이 죽어있는데, 마당에서 주인언니가

나를 부른다. 선글라스에 운동화까지 신은 언니의 손에는 자동차 키가 들려있었다. 태워다주겠단다. 너무 고마운 나머지 언니를 와락 껴안았다. 그런데 운전대 잡은 폼을 보아하니… 분명 초보운전이다. 이건 초보운전자의 군기 바짝 잡힌 포즈라고! 나는 조용히 안전벨트를 맸다. 그리고 조수석에서 내비 역할을 했고, 간간히 차를 멈춰 현지인에게 길을 물었다. 그렇게 도착한 산 입구. 연락처를 교환하고, 4시간 뒤에 오겠다는 말을 끝으로 언니와 작별했다. 가다가 정 힘들면 그냥 포기하려고 했는데…. 이건 뭐, 곧 죽어도 정상을 찍어야만 하는 상황이다.

- 두 번째 인연

 유명하지 않은 건 진작 알고 있었지만, 오늘 등산객이 나 포함 12명이 전부인 건 좀 너무했다. 등산의 '등'자만 꺼내도 몸서리를 치는 내가 이곳에 온 이유는 단 하나, 절벽에서 인증샷을 찍기 위해서다. 그런데 오르면 오를수록 등산객은 나뿐이고, 사진 찍어줄 사람을 못 만나겠단 실망감과 공복에 험한 산을 오르니 헛구역질까지 나 정말 포기하고 싶었다.

 그럼에도 계속해서 올랐던 건, 나를 이곳까지 데려다준 언니의 수고와 지금껏 네 발로 악착같이 기어온 길이 아까워서였다. 중간 중간 '이곳이 정상인가?' 착각할 정도로 아름다운 뷰포인트를 만났지만 그때마다 든 생각은 '아, 씨~ 사진 찍어줄 사람이 없잖아!!! 망했어!'와 차마 이곳에

는 적지 못할 험한 욕들이었다.

침을 꼴깍 삼키며 커다란 돌덩이를 탔다. 온몸에 꺼끌꺼끌한 모래를 잔뜩 뒤집어 쓴 후에야 드디어 진짜 정상에 도착했다. 그런데 잠깐만, 소리가 들린다! 세상에, 인기척이 난다!! 알고 보니 이곳 직원이 산을 오르며 주변을 청소하고 있던 것. 정상을 찍었는데도 억울함만 덕지덕지 붙어있던 내 얼굴에 세상에서 가장 행복해 보이는 미소가 피었다. 날 보자마자 "사진 찍어줄까?" 하고 묻는 센스쟁이의 이름은 버이, 스물여섯 살이란다.

사진 찍기 미션을 기적처럼 성공하고 나서야 탑칵항낙의 경치가 눈에 들어온다. 와, 말도 안 된다. 울 엄마가 이 맛에 등산하는 건가. 이걸 엄마랑 같이 봤어야 했는데. 하지만 앞으로 남은 내 인생에 탑칵항낙은 없다. 오늘이 처음이자 마지막인 걸로….

– 세 번째 인연

등산으로 힘이 쭉 빠진 나는 침대에 벌러덩 누워 잠이 들기를 기다리고 있었다. 눈이 딱 감길 무렵 일정을 마친 사이먼이 돌아왔다. 사이먼은 이제 막 세계여행을 시작한 스위스 친구인데, 오늘 아침에 체크인을 하며 만났다. 내가 산에 간다는 걸 들은 사이먼은 들어오자마자 쓰러져 있는 날 걱정했다.

"슬기! 괜찮아? 안 그래도 오늘 너무 더워서 너 걱정을 엄청 했어. 살아 있는 거지?!"

"아니. 나 거의 죽을 거 같아….."

다 쓰러져가는 내게 사이먼은 시장에서 사온 과일들을 내밀었다.

"이거 먹고 기운 좀 차려."

나는 사과와 파인애플을 마구 주워 먹고는 다시 침대에 누웠다. 어느 정도 기운을 차리니 배가 고파온다. 같이 밥이나 먹자고 하니 마침 자기도 해변에서 만난 프랑스 애랑 저녁약속을 했다고 함께 가잔다.

그의 스쿠터를 얻어 타고 처음 끄라비 시내로 나갔다. 그렇게 파리지앵 로만과 세계여행 꿈나무 사이먼, 그리고 다 죽어가는 나, 셋이 모였다. 우리에겐 공통점이 하나 있었는데, 모두 영어를 잘 못한다는 거였다. 덕분에 우리의 대화는 살짝, 아니 꽤 많이 요란스럽다. 나는 거의 표정으로 말하는 수준이었고, 사이먼은 동작이 컸으며, 로만은 말의 반이 휘파람이었다. 신기한 건 그럼에도 불구하고 대화에 아무 지장이 없다

는 것. 공통어가 하나도 없는데 어쩜 이리 대화 쿵짝이 잘 맞는지 놀라
웠다. 같은 언어를 쓰는 사람끼리도 말이 안 통해서 답답한 적이 한두
번이 아닌데. 역시 대화의 기본은 마음인가보다.

　로만은 내일 방콕으로 올라가 파리 행 비행기를 탄다고 했다. 나는 다
른 섬으로, 사이먼은 끄라비에 좀 더 머물기로 한다. 굳이 다시 만나자
는 말은 하지 않지만, 언젠가 서로의 나라에 가게 된다면 한 번쯤 오늘
을 떠올리기로 한다.

란타를 사랑하는 이유

유명한 태국의 피피섬(Ko phiphi). 그 옆에 존재감 없는 섬 란타(Ko Lanta)에 머무는 동안 나의 일정을 늘 똑같았다. 오후가 되어서야 눈 비비며 일어나 요새 읽기 시작한 해리포터를 이어 읽는 것. 해가 힘을 잃을 때쯤 양치만 하고 밖으로 나가 숙소를 하루 더 연장하고, 늘 같은 곳에서 나를 기다리는 연갈색 고양이에게 밥을 주고, 그 옆 단골식당으로 들어가 아침 겸 점심 겸 저녁을 먹는다. 메뉴는 늘 똑같이 닭고기 국수에 고춧가루를 팍팍 뿌려서. 그리고 콜라 한 잔. 식사를 마친 뒤 비수기라 문을 닫은 리조트를 몰래 가로질러 걷다 보면 드디어 내가 란타에 머무는 이유를 만날 수 있다.

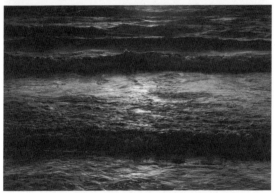

워낙 색이 예쁜 해변을 많이 봐서 웬만한 에메랄드빛은 성에도 차지 않을 줄 알았는데. 우리나라 서해와 닮은 란타의 바다를 사랑하게 된 건 이 눈부신 일몰 때문이다. 모래사장에 철푸덕 앉아서는 파도소리를 배경음악 삼아 어느 날은 오렌지빛, 또 어떤 날은 핑크빛으로 저무는 석양을 보고 있으면 그 시간만큼은 정말 아무 생각이 들지 않는다. 내가 할 수 있는 건 어둠이 내릴 때까지 수평선을 응시하며 멍을 때리는 것. 이따금씩 파도처럼 밀려오는 나의 조개껍데기를 바다에 흘려보내는 것. 그뿐이다.

종일 아무 것도 안 하고 아무 생각도 안 하는,
그 시간을 너무 사랑했다.
란타를 너무 사랑했다.

또 만나, 태국!
||||||||||||||||||||||||||||||||

 선뜻 좋다 싫다 감정을 단정 짓기 망설여지는 것들이 있다. 나에겐 케이크가 그러한데, 쇼케이스만 들여다보면 갑자기 미친 듯이 군침이 도는 바람에 케이크 한 상자를 덜컥 사버린 적이 여러 번 있었다. 문제는 한두 입은 달콤하지만, 그 이상을 넘어가면 더는 손이 안 가 남기는 게 대부분이라는 거다. 좋다고 하기에도, 싫다고 하기에도 참 애매한 녀석.
 태국도 비슷하다. 울며불며 싫다고 떼를 쓰다가도 막상 다른 나라에 가면 괜히 그리워졌다. 그래서 다시 오면 또 싫고. 결국 태국 안을 겉돌며 도망치고 또 도망치다보니 벌써 두 달이란 시간이 흘렀다. 이제 태국을 완전히 벗어날 시간이 왔다. 마지막 밤은 말레이시아 국경이 코앞인

*스무살은
처음이라*

핫야이에서. 잠은 잘 못 잤다. 왠지 모를 아쉬움이 들어서였다. 가장 사랑하는 미얀마를 떠날 때도 든 적 없는 울컥한 감정이 물밀듯이 밀려와 나를 당황스럽게 했다. 이곳을 떠난다는 게 조금 서운하기까지 하다.

　방콕에 도착한 첫날, 비를 쫄딱 맞으며 "난 태국이 정말 싫어!!"라고 펑펑 울던 그때의 내가 조금 머쓱해진 걸 보니 태국에 대한 내 마음을 다시 정정해야겠다. 여태껏 구박이란 구박은 다 해놓고 떠날 때 다 돼서 맘 바꿔 미안. 선뜻 좋아한다고 말하긴 좀 그렇지만 그래, 너네 꽤 따뜻했다.

잘 있어, 나의 태국!

스무살은
처음이라

마음을 주는 일
||||||||||||||||||||||||||||||||

　사랑 없는 스무 살은 퍽퍽하기 그지없다. 허나 그리 집착하지 않기로 했다. 어느 날 불현듯 닥쳐올 당신을 내심 기대하면서도 쉽게 그 누구의 손도 잡으려 하지 않던 나였으니까. 특히 사무치게 외로운 여행길 위에서는 숱한 만남과 이별이 있기에, 다시 또 혼자가 되는 것보단 처음부터 혼자인 것이 좋았다. 마음을 주는 일은 한 사람에게 내 전부를 쏟아 붓는 일 같아 두렵다. 전부를 쏟아내 0이 된다면 과연 당신은 얼마큼 나를 채워줄 수 있는가. 감정을 재는 사람에게 사랑이 올 리가 없다. 빼꼼 고개를 내밀다가도 이런 나의 얄궂은 마음을 알게 되면 심술을 부리며 도망가 버렸다. 애써 붙잡지 않았다. 양손에 쥔 것을 버리면서까지 당신의 손을 잡을 이유는 없었다.

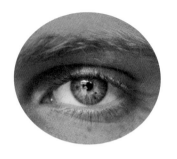

　너를 처음 만났을 때, 꿈틀거렸던 오른손을 기억한다. 인사말을 내뱉
기도 전에 뻗어버렸던 내 무안한 손바닥을, 그런 갑작스런 손바닥을 재
빨리 움켜잡아주던 너를 기억한다. 그날, 무이네에서 너는 내게 떠나지
말아 달라고 부탁했지만, 고민도 없이 알겠다 대답해줄 영화 속 낭만 가
득한 여자주인공은 어디에도 없었다. 잘 있으란 인사 한마디 건네지 못
하고 도망치듯 떠나는 게 고작인 사람이었다. 그런데 너는 달랐다. 너는
나를 위해 호치민으로, 필리핀에서 비행기를 바꿔 말레이시아로 날아오
는 그런 사람이었다. 미숙한 내가 우리의 마음을 재며 따지고 있을 때,
너는 마음이 시키는 대로 내게 너의 감정을 쏟아 부었다. 그러다보니 내
가 200이 되어서, 너에게 30정도는, 아니 50정도는 돌려주겠다며 그렇
게 마음을 열게 된 것이다.

너의 눈동자가 이토록 영롱한 파란색을 띠는지 몰랐다. 우리가 한 번도 눈을 마주친 적이 없었던가. 그 어느 바다보다 예쁜 색을 가진 널 왜 이제야 알았는가. 마음을 주는 일은 그런 것이다. 눈동자 색을 들여다보는 것. 살결이 내는 특유의 향에 코를 문지르는 것. 각자 새긴 타투의 의미를 알아가는 것. 얼핏 보면 쉽겠으나 실은 당신이 내 영역에 들어왔다는 속삭임이었다.

나는 또 다시 혼자가 되었다. 여행은 그런 것이었다. 아주 많은 사람을 만나지만 그만큼 아주 많은 이별을 해야 했다. 너와의 마지막 날, 우리는 말을 아꼈다. 말 대신 서로를 꼭 껴안아 주는 것으로 인사를 대신했다.

네가 떠나면 많이 그립겠지. 자주 생각이 날 거야. 그래도 왠지 널 떠올리면 기분이 좋아질 것만 같아. 그러니 그냥 떠올릴래. 마냥 그리워할래.

어쩌면 아주 짧은 열병이었다.

앓고 나니 알겠다. 결국은 사랑이라는 걸. 지금은 간절하지 않은 이 감정조차 그때는 사랑이었단 걸. 역시, 사랑 없는 스무 살은 퍽퍽하기 그지없다는 걸.

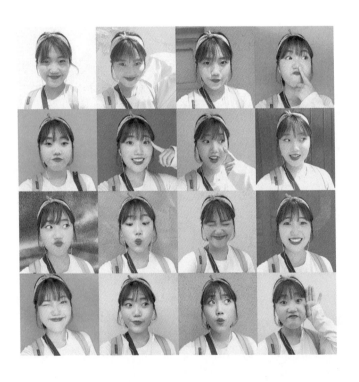

무지개색 말라카

색깔에는 생각보다 많은 것들이 녹아있어 재밌다. 이를테면 감정이나 분위기, 추억이 있다면 더 좋고. 이러한 것들이 덩어리져 하나의 물감이 되면 왠지 나만의 색이 된 거 같아 애정이 간다. 색깔이란 건 지극히 주관적이라 '행복의 색'을 머릿속에 떠올린다면 저마다 다른 물감을 꺼내들 거다. 그래서 결국 우리는 무지개색이 된다. 무지개를 만들고도 남을 만큼 다채로워질 것이다. 그런 의미에서 무지개색은 색깔들의 대장이다. 누구나 하나쯤 기분 좋아지는 색이 '빨주노초파남보'가 만들어내는 색의 스펙트럼 안에 있을 테니까.

　말라카(Malacca) 구석구석을 돌아다니며 느낀 건, 여기는 완벽한 '무지개색'이라는 거였다. 모두의 덩어리가 모여 하나의 물감이 되는 곳. 어떤 물감을 짜내어도 어우러지는 컬러풀한 마을. 작은 구석 어딘가에 내가 좋아하는 색 하나쯤은 반드시 숨어있는 알록달록한 그곳에서 나는 또다시 내 팔레트를 채워냈다.

스무살은
처음이라

동갑내기들
||||||||||||||||||||||

말레이시아는 내게 너무 심심한 나라여서 매일 매일이 똑같음의 연속이었다. 시간 참 안 간다고 생각했는데 날짜를 세어보니 이곳에 온 지도 벌써 2주가 넘었다. 다음 여행지는 인도네시아로 정했고, 이제 슬슬 한국으로 돌아갈 계획을 세울 참이었다. 이젠 엄마의 김치찌개를, 아니 사실은 닭발에 소주를 먹고 싶어 도저히 참을 수가 없었다.

쿠알라룸푸르(Kuala Lumpur)에서 보내는 마지막 밤, 여행을 하며 처음 만난 동갑내기 친구들과 호스텔 계단에 쪼그려 앉아 여느 때처럼 이야기를 나누었다. 일본 큐슈에서 온 너무너무 귀여운 리요코쨩과 빠글빠글 머리를 볶은 한 독일남자애였는데(이름을 까먹었다, 미안), 모두 다 혼자 이곳에 왔다고 했다.

리요코는 일주일 일정의 짧은 여행이어서 늘 가장 먼저 일어나 가장 늦게 들어왔다, 독일소년은 나처럼 기약 없는 장기여행 중이었다. 며칠 전까진 인도에 있었는데, 다시 인도에 갈 거라 했다. 이유를 물었더니 그냥 그렇게 하고 싶단다. 그 마음이 좋았다.

　독일인이라 그런지 소년은 밤이면 항상 맥주를 마셨는데, 맛이 어떠냐고 물으면 그때마다 대답이 똑같았다.

　"뭐, 먹을 만하네."

　나도 언젠가 독일에 가서 소시지에 맥주를 마실 거라니까, 그때 꼭 자기를 부르란다.

　"나 내일 인도네시아에 가. 아침 일찍 가야 해서 인사는 지금 해야겠네."

　내 말에 둘은 "아침도 못 먹고 가?" 하며 아쉬움을 내비쳤다. 여행을 하며 정말 많은 사람을 만나고 또 이별했다. 이건 어쩔 수 없는 당연한

이치라 어느 순간부터 마음을 쓰지 않기로 했다. 인연이라면 언젠가 길 위에서 다시 마주치겠거니 하고 진한 포옹에 여운을 묻어두었다.

그런데 오늘은 어쩐지 마음이 허해지는 밤이다. 수학여행 마지막 날 집으로 돌아가는 버스 안에서 느꼈던 서운함과 나와 이름이 같았던 '슬기'가 대뜸 전학을 갔던 그날의 슬픔과 비슷했다. 동갑내기가 이렇다. 그저 나이가 같을 뿐인데, 사람을 이토록 아쉽게 만든다.

독일소년은 내게 맥주 한 병을 건넸다. 이슬람국가인 말레이시아는 술과 담배가 비싸서 처음에는 괜찮다고 했지만, 맥주병을 향한 내 시선이 느껴졌는지 그는 씩 웃으며 맥주 뚜껑을 따주었다.

"자, 받아줘. 나 맥주를 아주 싸게 파는 곳을 알아냈거든."

리요코는 그날 밤 내 침대로 건너와 수줍게 편지를 내밀었다. 서툰 영어와 귀여운 스티커를 덕지덕지 붙인 편지는 그야말로 리요코다웠다. 몸뻬바지를 입은 그녀와 샛노란색 티셔츠를 입은 나는 한 침대에 나란히 누워 마스크 팩을 하며 마지막 수다를 떨었다.

정말이지,

스무 살다운 이별이었다.

세상에서 가장 맛있는

동남아 일주를 하며 먹은 음식 중 무엇이 가장 맛있었느냐고 물으면 나는 망설임 없이 자카르타(Jakarta)에서 먹었던 교촌치킨을 떠올린다.

이름만 그런 게 아니라 진짜 그 교촌치킨이었다. 알아주는 초딩 입맛이라 먹어본 동남아식이라곤 반미 같은 샌드위치나 달걀 볶음밥, 고춧가루 뿌린 국수 같은 게 전부였다. 여행을 하면서 이렇게 한국음식에 집착하게 될 줄은 몰랐는데, 내가 찰기 있는 흰쌀밥을 이렇게 좋아하는 줄, 태성오빠가 사온 인스턴트 순두부찌개에 크리스마스 선물을 받은 어린애마냥 방방 뛸 줄은 꿈에도 몰랐다. 몇 끼 식비를 아껴서 한식당을 찾아가는 건 어느새 내 여행 중 하나의 큰 이벤트가 되었다.

자카르타에서는 앞으로 있을 화산투어를 위해 두꺼운 옷을 서둘러 구해야 했다. 숙소 언니가 가을 옷 정도는 쉽게 살 수 있을 거라며 근처 백화점을 알려주었고, 언니 말대로 나는 단번에 노란색 후드티를 구할 수 있었다. 날씨가 이리 더운데 왜 가을 옷이 디피되어 있는 건지 알다가도 모르겠지만 뭐, 좋은 게 좋은 거니까.

쇼핑을 마치고 밥이나 먹고 갈까 싶어 식당이 있는 층으로 올라갔다. 간만에 비싼 것 좀 먹어보자며 이곳저곳을 기웃거리고 있는데, 그때 내 레이더망에 익숙한 로고가 들어온 거다. 교촌치킨. 말도 안 되지, 내가 인도네시아 백화점에서 너를 만나게 될 줄이야….

가장 비싼 치킨세트와 맥주 한 잔을 시켰다. 인도네시아에서 제대로 된 한국 치맥을 먹다니. 맛도 똑같고 맥주는 더 맛있다. 미쳤다, 미쳤어. 평생 살면서 치맥 한두 번 먹었을까 싶은 스무 살이지만 내 인생 치맥은 이걸로 정했다.

처해진 상황이나 장소는 늘 맛에 인공조미료를 친다. 예컨대 사우나 후 마시는 바나나우유나 물놀이 후 먹는 컵라면이 평소보다 훨씬 맛있게 느껴지는 것처럼 말이다.

설산의 정상에서 마시는 소주는 어떤 맛일까. 오로라를 배경으로 홀짝거리는 오뎅탕은? 메이저리그 직관에서 먹는 치맥은 과연 어떨까?

여전히 우물 안

첫 여행을 하던 열여덟의 봄,

'이런 세상이 있다고?'

그때 느꼈던 감정은 한마디로 충격이었어.

스스로 쌓았던 울타리와 우물을 뛰어넘기 위해 있는 힘껏 점프를 해댔지. 그렇게 두 해가 지나 나는 스무 살이 되었어. 꽤 행복했었다고 자부해. 적어도 청춘이라는 말 앞에 떳떳할 정도로 말야! 내 세상이 얼마나 넓어졌을까 기대가 됐어.

그런데 나, 여전히 우물 안 개구리더라.

다들 그럴 때 있지 않나? 평생을 상식처럼 여겨왔는데 알고 보니 나만 아는 상식이었을 때. 정해진 공식이라고 생각했는데 알고 보니 나만의 공식이었을 때. 음, 평생 순대를 소금에 찍어먹었던 내가 초장에 찍어먹는 옆 동네 친구를 처음 만난 기분이라면 이해할까?

내가 17살에 패스트푸드점에서 아르바이트를 한 적이 있거든. 그때 가장 놀랐던 게 뭐였냐면 바로 어마어마하게 많은 메뉴의 수였어. 세상천지에 햄버거 종류가 이렇게 다양하다는 걸 나는 머리털 나고 열일곱에 처음 안 거야. 깜짝 놀랐지. 나는 한평생 불고기버거만 먹었으니까. 메뉴판을 본 적도 없어. 가게에 들어가자마자 "불고기버거 세트 하나 주세요." 하고 말하는 게 다였거든.

　당연히 사람들도 나처럼 똑같은 메뉴만 먹는 줄 알았어. 근데 아니더라고! 한번은 내 또래 친구들 다섯이 온 적이 있었어. 근데 다섯 명 모두가 다 다른 종류의 버거를 시키는 거야! 그 안에 불고기버거는 없었다는 게 제일 충격이었지.

　난 손님들이 "이거 어때요? 맛있어요?" 하고 묻는 게 제일 난처했어. 뭘 먹어봤어야 알지, 안 그래? 또 뭔 놈의 버거 이름이 다들 이렇게 길고 어려운 건지, 처음 한 달은 먹어보고 이름 외우다 보니 훌쩍 지나가더라.

　내 공식을 뒤엎는 일은 이뿐만이 아니었어. 놀이공원 마니아라고 생각해서 그곳에서 일까지 하게 되었는데, 지금껏 존재조차 몰랐던 놀이기구가 수십 개였다거나 피시방 아르바이트를 할 때는 20가지가 넘는 라면 중에 '육개장'이 없어서 당황했지. 와, 솔직히 컵라면 하면 육개장이라 생각했는데, 다들 그런 건 아니었나봐.

고작 햄버거, 고작 라면 하나에 이렇게 호들갑을 떠는 나인데 난생 처음 가보는 곳은 또 얼마나 신세계였겠어? 길거리에 세워진 표지판 하나도 다 신기한 거야. 이런 바람, 이런 냄새, 이런 사람들은 정말 처음이었거든. 하루하루가 내게는 처음 태어난 날 같았어.

그런데 말야. 나 예전에는 우물 밖을 정말이지 나오고 싶었다? 스스로를 작은 세상에 가둬놓고 싶지 않았으니까. 나만의 기준으로 이 세상을 보는 게 너무나 바보 같았거든. 난 더 넓은 세상을 무대로 마구 뛰어다니고 싶었어.

근데 요즘엔 생각이 조금 바뀌었어.

나, 우물 안 개구리 신세였기에 이렇게 행복한 거 아닐까 싶더라구.

내가 계속해서 '난생처음'을 경험하고, 새로운 세상을 만나 그곳을 배워갈 수 있었던 건 다 내가 아무 것도 모르는 개구리여서가 아니었을까? 매일 봤던 풍경, 매일 만났던 사람들, 그래서 모든 게 예상 가능한 게 여행이었다면 난 이만큼까지 여행을 사랑하지는 못했을 거 같아.

그래서 이제는 내 우물 안이 너무 소중해. 난 할머니가 되어도 이 세상이 여전히 놀랍고 또 사랑스러웠으면 좋겠거든. 야금야금 아껴먹을 거야. 욕심 부리지 않고 주변 사람들에게 나눠도 주면서 말야.

이제 죽을힘을 다해 점프하지 않으려구.

우물이 있기에 바깥세상이 더 아름다울 수 있다는 걸

이제 충분히 아니까!

자카르타 기차역에서

족자카르타(Yogyakarta)로 이동하는 날, 숙소 언니는 비행기를 권했지만 난 기차를 선택했다. 빠르기야 비행기가 훨씬 빠르지만 기차보다 만원이나 비쌌기 때문이다. 마침 이슬람 연휴가 딱 겹쳐서 설날마냥 기차표가 금방 동나고 있는 바람에 언니가 대신 표를 예매해주었다.

숙소에서 역까지는 약 10km정도 떨어져 있었고, 그랩을 잡아타면 늦어도 30분이면 도착하겠거니 싶어 발권까지 헤맬 시간, 대충 끼니를 때울 시간, 적당히 기차역도 구경할 시간까지 합쳐 넉넉히 2시간 전에 짐을 챙겨 나왔다. 그랩도 운 좋게 넓고 깔끔한 대형차를 잡았고, 넉살 좋은 기사 아저씨에 하늘까지 새파랗게 맑으니 그야말로 모든 게 완벽했다.

차창 안으로 스미는 기분 좋은 햇살과 함께 5분정도 달렸을까,

"트레인, 타임, 타임."

아저씨가 내 기차 시간을 물었다.

"투 어 클락!"

지금 시간은 12시를 조금 넘었고, 2시까지는 여유가 차고 넘치는 상황인데 내 말을 들은 아저씨의 표정이 조금 심상찮다. 얼른 구글 내비게이션을 켜 교통상황을 확인하니 맙소사, 앞으로 가는 모든 길에 정체표시

가 떠있었다. 도착 예정시간은 1시 50분. 망했다. 진짜 제대로 망했다. 다급하게 기차시간에 맞춰 가줄 수 있냐고 물었다. 돌아오는 대답은 "아 돈 노우." 몇 분전까지 넉살 좋았던 아저씨의 인상이 순식간에 세상에서 제일 미운 밉상으로 변하는 순간이었다.

예상대로 차는 끝도 없는 정체구간에 들어섰다. 넓은 차라고 좋아했는데, 몸집이 커서 오토바이와 차들로 뒤엉킨 도로를 유리하게 뚫는 건 거의 불가능했다. 이 상황에 내가 할 수 있는 거라곤 그저 손톱을 물어뜯거나 다리를 덜덜 떨거나 욕을 중얼거리는 것뿐. 차는 나아갈 기미가 보이지 않았고, 도착 예상시간은 이미 2시를 넘어섰다. 처음엔 속이 타들어갔다가 그 다음엔 헛웃음이 나왔고, 결국엔 울었다. 그렇게 도로 한복판에서 족자 행 기차를 떠나보냈다.

당장 뛰쳐나갈 기세로 어깨에 걸쳐두었던 배낭을 집어던지고 인터넷에 '환불 영어로'를 검색하며 마지막 희망을 피워봤지만, 이미 떠나버린 기차표 따위를 환불해주는 드라마 같은 일은 절대 일어나지 않았다. 만 원 아끼자고 비행기가 아닌 6시간 더 걸리는 기차를 골랐는데, 결국 비행기 값의 두 배를 내게 되었다. 그마저도 앞으로 10시간 정도는 기다려야 탈 수 있단다. 별다른 해결책도 없으니 일단 표를 사기로 한다.

역사에 사람들이 아주 바글바글하다. 연휴 전날이라 그런지 발 디디는 게 힘들 정도로 사람들이 넘쳐났다. 길바닥이든 상점 앞이든 주차장이든 앉을 곳만 있으면 다들 엉덩이부터 붙이고 봤다. 나도 슬쩍 카페 앞에 자리를 펴고 앉았다. 기차시간을 놓쳐 꼼짝없이 이곳에 10시간을 묶여있어야 하는 바보 같은 여행자는 나뿐이라 노란색 후드를 뒤집어쓴, 얼굴도 노란 나를 다들 신기하게 바라봤다.

처음에는 모든 게 짜증이 나 그 시선들을 애써 무시했는데, 여기 사람들은 결국 날 웃게 만들었다. 화장실 새치기범을 물리쳐주는가 하면, 허기가 져 빤히 쳐다보던 피자를 내게 나눠주고, 맛있는 식당을 추천해주고 가거나, 대뜸 다가와 엑소 세훈이를 너무 좋아한다며 수줍어하는 귀여운 소녀도 만났다. 내가 폴라로이드 사진기를 꺼내 들 때면 사방에서 아이들이 몰려와 역사는 금세 놀이터가 되곤 했다.

드디어 기차를 탄다. 12시간 만이다. 여전히 복잡한 역사를 빠져나오는데, 그동안 나와 수십 번 눈을 마주친 친구들이 수줍게 손을 흔들거나 "안녕!" 하고 인사해준다. 울면서 들어온 기차역이지만 끝내 사랑스러운

기차역에서 내게 피자를 나눠준 사랑스러운 친구들

웃음으로 작별했다. 안녕, 다들 고마웠어.

여행을 하다 보면 '거 참, 내 맘대로 되는 게 하나도 없네.'라는 진리를 깨우치게 된다. 이 진리를 받아들이고 모든 일을 허허 웃어넘기기엔 아직 난 너무 쪼다라 늘 많은 감정을 소비하고 만다. 울고, 화내고, 징징거리면서. 하지만 결국엔 다시 웃으며 일어서곤 한다. 바지에 묻은 흙을 탈탈 털고는 또 다시 앞으로 걸어 나가곤 한다. 이는 내가 강해서가 아니라 순전히 그 길가에 나를 토닥여주는 사람들이 있어서였다. 애정 어린 손길을 내밀어주는 그들이 있기 때문이었다.

새 안경을 써야 해

‖‖‖‖‖‖‖‖‖‖‖‖‖‖‖‖‖‖‖‖‖‖‖‖‖‖‖‖‖‖‖‖‖‖‖

화산투어 첫째 날, 족자에서 미니버스를 타고 12시간을 달리는 일정인데 운 좋게도 사람이 다섯뿐이라 내내 누워서 가는 호사를 누렸다. 새벽부터 시작된 일정이 꽤 피곤했는지 머리를 대자마자 곯아떨어졌다. 나는 이따금씩 일어나 얼굴에 내리쬐는 따가운 햇볕을 피하기 위해 누운 방향을 바꾸거나, 아침 대용으로 사온 치즈크래커를 야금야금 먹고 다시 잠에 드는 것 외에 아무 것도 하지 않았다.

몇 번째 반복재생인지 모르는 플레이리스트가 이어폰을 타고 흘러나왔다. 누운 채 거꾸로 바라보는 창밖 너머의 풍경은 듣고 있는 노래만큼이나 몇 시간째 따분했다. 잠은 더 이상 오지 않았다. 오래 누워있던 탓인지 몸도 뻐근했다. 햇볕은 여전히 따가웠고, 나는 여전히 심심했다. 투어사가 있다는 프로볼링고에 도착하려면 아직 한참이나 남았다. 다시 눈을 감았다. 도입부부터 익숙한 노래가 귀에 닿았다.

눈을 떴다. 30분이 지나있었다. 고작, 고작 30분. 노래는 아직 10곡도 채 재생되지 않았다. 노래를 끄고 책이라도 읽을까 싶어 주섬주섬 안경을 찾았다. 그런데 이상한 일이 일어났다. 희뿌옇게만 보이던 세상이 선명해지면서 몇 시간째 똑같아 보였던 창밖 너머의 거꾸로 된 풍경이 명 때릴 만큼 아름답게 보였다. 하늘이 저리 파랬었나, 구름이 저렇게 귀여웠었나, 그곳을 수놓는 새들은 또 어떻고, 나무들은 어찌나 울창한지. 안경을 다시 벗었다. 어라, 좀 전까지 무채색이었던 세상이 이제는 꽤 알록달록하게 보였다. 흐릿하긴 해도 파란 하늘에 뭉게구름 정도는 볼 수 있었다. 신기했다.

어쩌면 내 눈은 진짜 시력보다 더 나빠서 이제껏 많은 명장면들을 놓치고 살았는지도 모른다. 가까이에 있는 가치도 보지 못하면서 멀리 있는 걸 욕심내니 보이는 게 있을 리 없었다. 아니, 실은 '저건 너무 따분해!' 하며 애써 외면해오고 있었을지도.

나는 그리 똑똑하지 못해서 앞으로도 아주 많은 하늘과 구름들을 지나칠 게 뻔하다. 낭만이라곤 쥐뿔도 없는 내 시력을 탓할 순 없으니 이 삶이 더는 퍽퍽해지지 않기 위해 나는 꾸준히 여행을 해야겠다. 꼬박꼬박 새 안경을 씌워줘야겠다.

- 자 이것 좀 봐. 어때, 멋지지?

이 하늘과 바람, 햇볕, 노을, 밤공기….

난 여행만 하면 이런 것들이 마구 소중해지더라.

사실 언제든 가질 수 있는 것들인데 말야.

일상으로 돌아가면 이것들을 좀 더 아껴줘야겠어.

그럼 내 삶이 더 예뻐질 거야, 그치?

뜨거운 선물
||||||||||||||||||||||

이 나라에 처음 발을 내디뎠을 때, 인도와 멀리 떨어져있다는 것에 놀랐고, 세계에서 섬이 가장 많은 나라라는 것에 놀랐다. 인도와 인도네시아가 같은 나라인 줄 알았던 어린 시절의 기억과(한국과 대한민국 같은 개념으로 생각한 듯), 이 나라에 대해 알고 있는 건 발리(Bali)섬뿐이었으니까. 하지만 인도네시아에서 내가 가장 놀랐던 것은 인도가 없다는 것도, 약 2만 개의 어마어마한 섬의 숫자도 아니었다.

동남아를 세 달쯤 여행하며 얻은 것들이 있는데, 그중 하나가 좋게 말하면 넉살, 내 식대로 표현하자면 **뻔뻔함**이다. 여행 초기 깎아달라는 말한마디가 멋쩍어 편의점만 찾아다니던 소심이는 "오~ 너 선글라스 짱멋진데? 그러니까 좀만 깎아주라, 응?" 이런 능글맞은 말을 아무렇지 않게 뱉는 흥정의 신이 되어 있었다. 덕분에 마지막 여행지인 인도네시아에선 가장 적은 돈으로 가장 많은 걸 할 수 있었다. 바다에서 돌고래도

보고, 세계3대 스노클링 스팟이라는 멘장안에서 하루 종일 수영도 하고, 에어컨 빵빵한 택시를 타고 다니면서 인생샷도 많이 찍었지만 역시 가장 기억에 남는 건 화산이었다. 태국에서 헛구역질을 해가며 탑칵항낙을 오른 후로 절대 이번 여행에서 등산은 하지 않겠다고 다짐했었다. 그러다 우연히 화산투어를 할 수 있다는 정보를 접했고, 과학 교과서에서나 보던 '활화산'이라는 글자에 가슴이 뛰는 바람에 결국 시내의 모든 여행사를 기웃거리며 가장 저렴한 투어를 예약해버린 거다.

 2박3일 동안 두 개의 화산을 올랐다. 콧물 질질 짜며 브로모화산에서 일출을 보고, 방독면 쓰고 들어가 이젠화산의 크레이터도 구경했다. 교과서에 나온 시뻘건 마그마가 들끓는 화산은 아니었지만, 천둥소리마냥 쾅쾅대며 울리는 분화구 소리, 코를 후벼 파고 들어오는 진한 유황냄새

스무살은
처음이라

와 온몸을 뒤덮은 시꺼먼 화산재는 내가 살아있는 화산을 뒹굴고 왔음을 실감나게 해주었다.

우여곡절도 많았다. 타고 온 지프차를 못 찾아 미아가 되기도 했고, 간신히 찾은 지프에 휴대폰을 두고 내려 난리가 나기도 했다.(다른 지프 기사님들이 수소문해 찾아주셨다.) 산을 탈 때도 툭하면 먼저 나가떨어져 낙오가 되었고, 악을 쓰며 찍은 정상에서는 "야호!"가 아닌 가슴 아래 꾹꾹 눌러온 욕을 터트리고 말았다. 그러면서 속으로 생각했다. '와씨, 오길 잘했다!!!'

힘들어 죽을 거 같을 때 딱 한 발자국만 더 내밀면 정상이었기 때문일까, 이놈의 등산은 미워하려야 미워할 수가 없다. '포기할까?' '나는 여기까지인 거 같은데.' '아우 난 못해!!' 같은 생각이 시도 때도 없이 들지만 '그래도 조금만 더 가봐?' 하는 마음 때문에 결국 정상을 찍곤 했다.

따지고 보면 여행도 똑같다. 깊게 생각하면 인생도 마찬가지다. 무섭다고 느낄 때마다, 해낼 수 있을까 의심이 들 때마다 그래도 일단은 해보겠다며 한 걸음 내디뎠기에 마음에 드는 풍경을 볼 수 있게 된 걸지도 모른다.

걷지 않으면 나아갈 수 없고, 머물러 있으면 아무 것도 만날 수 없다.

'난 못해.'라는 생각은 아무 것도 이루지 못하지만 '해 볼 거야.'라는 생각은 기적을 만들어낸다고 누군가 말했다.

그러니 한 발 두 발 힘을 실어 걸어보겠다.

조금 느려도 좋으니까. 잠깐 뒤처져도 괜찮으니까.

결국은 어딘가에 올라 땀을 식혀줄 바람 하나를 만난다면

'아, 이곳에 오길 잘했다.'라고 생각할 게 뻔할 테니 말이다.

그 계절, 여름에
||||||||||||||||||||||||||||||||||||

나의 스물은 여름이었다.

가끔 나조차도 정신을 놓을 만큼 아주아주 뜨거운 여름.

스무 살의 계절이 진다. 하지만 아쉬움은 없다.

시간은 돌고 돌아 스물하나의 여름이 올 것이니.

오늘밤은 그저 내 계절을 어루만지며,

특히 여름을 꼭 껴안아 주어야지.

수고했다고. 너 참 예뻤다고. 많이 사랑한다고-

로비나의 빨간색

로비나에 머무는 동안 저녁이 되면 가는 레스토랑이 있었다. 음식이 맛있었던 건 물론이고, 바로 앞이 바다라 해지는 풍경도 예술이었고, 모래에 빈 백을 깔고 누워 올려다보는 밤하늘도 끝내줬기 때문이다. 하루는 매운 게 땡긴다는 나를 위해 주방장이 매운 피자를 만들어준 적이 있다. 나는 자신 있게 "더 맵게! 완전 맵게 부탁해!"라며 객기를 부렸지만 한 입 베어 문 순간 "음… 얼음 좀 줄 수 있니?" 하고 백기를 들어버렸다. 혀를 내두르며 헥헥대는 나를 향해 종업원들은 장난기 가득한 웃음을 터트렸다.

"너 남자친구 있어?"

또 시작이다. 빨간색 티셔츠를 단체로 맞춰 입은 종업원 사내들은 매일 매일 내게 추파를 던졌다. 그때마다 없는 남자친구를 만들어내며 도도한 척을 했지만, 그들은 능글맞게 받아쳤다.

"그럼 헤어지면 발리로 돌아와! 여기 꽤 좋잖아."

사내들은 손님이 없을 때면 바다에 들어가 수영을 하거나 공을 차며 놀았는데 그 중 한 명이 혼혈이었다. 생김새가 왠지 모르게 익숙하더라니 엄마가 한국분이시란다. 짓궂은 친구들은 그에게 "넌 눈이 정말 작아!" 하며 장난을 쳤는데, 같은 한국 피가 흐르고 있단 걸 알고 나니 묘한 심리가 자극된 건지 이렇게 말해버렸다.

"내 눈엔 네가 제일 멋진 걸."

내 말 한마디에 사내들은 난리가 났다. 둘은 이제 커플이라며, 그럼 너 발리에 사는 거냐며, 아주 유치한 수준이 중학생 남학생들과 다를게 없다.

"나 남자친구 있다니까 그러네."

나는 늘 그렇듯 하하 웃어넘겼다.

바다에 노을이 깔리니 손님이 점점 늘어났다. 깔깔대며 장난을 치던 사내들도 옷매무새를 정리하고 손님들을 맞이하기 시작했다. 나도 지는 노을을 바라보며 시원한 빈땅을 마시고 있었다. 좋아하는 트로이 시반 (Troye Sivan)의 노래를 들으며 빈땅을 한 병 더 주문하려는데, 혼혈친구가 내게 걸어왔다.

"음… 함께 수영하지 않을래?"

입이 쉽게 떨어지지 않았다. 갑작스런 그의 제안이 당황스럽기도 했고, 또 그의 귓불이 내가 보고 있던 노을의 색처럼 붉어져 있었으니까.

한참을 생각에 잠겨있던 나는 아무렇지 않은 척 웃으며 말했다.

"나 빈땅 한 병만 더 주라."

주문한 빈땅은 결국 다른 사내가 가져왔다.

남들보다 작은 눈을 가진 그는 어느새 밤바다에 뛰어들어 헤엄치고 있었다.

모든 순간에는 마지막이 있어서

|||||||||||||||||||||||||||||||||||||||||||||||||||||||||||||||||||||||||||

오늘은 여러 의미의 마지막이었다. 우붓(Ubud)에서 보내는 마지막 날
이기도, 한국으로 돌아가기 전 마지막 밤이기도, 발리에서 먹는 마지막
만찬이기도 했다. 공항으로 가는 차편도 예약해뒀고, 가족들에게 줄 기
념품과 내 짐도 배낭에 꾸역꾸역 쑤셔 넣었다. 돌아갈 준비는 마쳤다.
아쉬움이 한 톨도 남지 않게 잘 놀았다.

그리워지면 다시 돌아오면 되지!

그간의 여행을 하며 내린 결론이었다. 무언가를 못했을 땐 다음 여행
으로 미뤄버리는 게 당장에도, 또 나중에도 좋았으니까.

마지막 만찬은 숙소 테라스에서 소란스럽지 않게 먹었다. 슈퍼에서 산
인도네시아 컵라면과 빈땅 한 캔이 그것이었다. 돈이 꽤 남았지만 그냥

그렇게 하기로 했다. 별다른 이유는 없었다. 시큼한 라면에 맥주 한 캔이 당기는 밤이었다.

바람이 꽤 불었다.

습한 날씨에 찐득해진 머리카락이 바람을 타고 얼굴에 들러붙었다. 애써 떼어내지 않았다. 그냥 놔두기로 했다. 어차피 머지않아 떨어질 놈이란 걸 이젠 아니까.

오늘밤은 그냥 그러기로 했다.

아쉬움은 미루고, 그리움은 묻어두고,

어떻게든 다가올 나의 마지막을 굳이 떼어내지 않기로 했다.

어째서 너는, 이토록

이놈의 발리는 혼자 여행하는 뚜벅이에겐 정말이지 나쁜 섬임이 틀림없다. 혼자라고 버스티켓을 팔지도 않더니, 지금은 공항 바로 앞 도로에 홀로 버려졌다. 공항까지 가는 애는 나뿐이니 탑승장 앞까지 가려면 추가요금을 내라는 야박한 기사 때문이었다. 신경질이 나서 내리겠다고 했는데, 차가 쌩쌩 달리는 도로 한복판에 던져질 줄이야.

당장 눈앞에 공항이 보이는데, 도무지 걸어갈 길이 없었다. 짐작컨대 고속도로로 들어가는 입구쯤인 거 같았고, 이 많은 사람들 중에 차나 오토바이가 아닌 두 다리로 이곳을 누비는 건 나 혼자였다. 무작정 걷던 길마저 끝내 끊겨버렸다.

'아 그냥 돈을 더 낼 걸…'

수백 대의 탈것들로 뒤엉킨 도로를 마주하니 후회가 마구 밀려왔다. 길을 건널 용기도 없으면서 객기를 부리긴 왜 부렸니. 그거 뭐 몇 푼 한다고. 루피아도 많이 남았잖아 이 바보야…. 하긴 이런 길 한복판에 떨궈질 줄 내가 뭐 알았나. 아, 울고 싶다.

 막다른 길과 차들이 쌩쌩 달리는 도로에 걸음이 막혀 이도저도 못하고 있는데, 내 앞에 오토바이 한 대가 섰다. 어디를 가냐고 묻길래 이때다 싶어 냉큼 뒷좌석에 올라탔다. 예상대로 공항은 이곳에서 꽤 멀리 떨어져 있었다. 복잡한 도로를 달려 마침내 공항 입구에 도착했다. 그 정신없는 길 한복판에서 날 발견해준 청년이 고마워 지갑에서 남은 루피아를 모두 꺼내 내밀었다.

 돈을 본 청년은 난처한 표정을 지으며 중얼거렸다. 인도네시아 말을 알아들을 리 없는 나는 돈이 부족하다는 줄 알고 인상을 찌푸렸다. 내 표정을 읽은 청년은 깜짝 놀라며 서툰 영어를 내뱉으며 말했다.

"노 머니… 오케이, 오케이…."

　내 손에 쥐어진 지폐를 가리키며 그는 고개를 내젓기도, 손으로 엑스자를 만들기도 했다. 괜찮다는 말을 전하고 있던 거다. 그 의미가 전해지자마자 나는 얼굴이 붉어졌다.

　못났다. 나를 길가에 내던진 기사 아저씨보다도 신슬기, 네가 참 못났다.

　이 미안함을 얼른 전해야 하는데, 벙어리마냥 아무런 말도 나오지 않았다. 그냥 모른 척 받을 수 있었을 텐데, 그래도 뭐라 하는 사람 아무도 없었을 텐데, 어째서 너는 이리도 나를 붉어지게 만드나. 왜 꼼짝없이 벙어리가 되게 하나. 나라는 사람은 그런 너에게 겨우 "땡큐"라는 말밖에 하지 못한다. 너의 실없는 미소가 내겐 너무 벅차서 결국 시선을 피해버렸다.

　나라는 사람이 이렇다. 고작, 고작 이렇게 붉어질 뿐이다.

스물에게
||||||||||||||||||

인생이 야구라면 우린 아직 1회는커녕

이제 막 애국가 부르고 시구하는 중인 거예요!

9회 말 투아웃, 주자 만루의 대역전 상황에 놓인 게 아니라구요.

배트 잡는 법도 막 배운 우리가 왜 자꾸 만루 홈런을 치려고 하는 거죠?

모든 일에는 순서가 있어요.

마음만 앞서가다간 평생 헛스윙만 하고 마운드를 내려올지도 몰라요.

그러니 천천히, 아주 천천히 해보는 거예요.

못 맞추면 어때요? 아무 것도 해내지 못해도 좋아요.

우리 아직 신입이잖아요!

애들아, 우린 그냥 젊은 것도 아니고 진짜 졸라 젊다!

스무살은
처음이라

사실 어린 거임.

다녀왔습니다!
|||||||||||||||||||||||||||||||||||

날씨가 제법 쌀쌀하다. 내가 가진 옷들 중 그나마 가장 두께 있는 옷을
꺼내 입었다. 여름이 시작될 때 떠나 한 계절이 저물 즈음 돌아왔으니 3
개월 만에 다시 밟는 땅이었다. 이곳은 벌써 가을이 짐을 풀고 있었다.

한국. 그리움에 끙끙 앓았던 내 나라에 다시 돌아왔다.

스무살은
처음이라

게이트가 열리니 반가운 얼굴들이 보인다. 예전에 같이 알바를 했던 오빠들이 마중을 나와준 것이다. 그동안 이들에게 보낸 '보고 싶어' 문자만 세어도 한 트럭일 텐데, 이상하게 눈물보단 웃음이 먼저 터졌다. 자세히 기억은 안 나지만 만나자마자 그들의 품에 안기며 "아, 나 너무 힘들었어~" 하고 막내다운 투정을 부렸던 거 같다.

집이 낯설다. 느낌만 낯선 게 아니라 진짜로 처음 보는 집이었다. 한국에 돌아오니 집이 바뀌어있던 탓이다. 구글지도를 우리 집 찾아가는 데 쓰게 될 줄이야.

"엄마, 비밀번호가 뭐라고 했지?!"

그 와중에 비밀번호를 까먹어서 처음에는 집에 들어가지도 못했다.

104일 만의 재회에 눈물은 단 한 방울도 없었다. 감동다큐를 예상했으나 실상은 예능 쪽이 더 가까웠다. 누나 얼굴이 완전 새까매졌다며, 못 본 새 칸쵸는 돼지가 되었다며, 깔깔 웃기 바빴다. 그날은 엄마표 김치찌개를 먹었다. 고기 하나 들어가지 않은 투박한 찌개였지만, 밥을 두 공기나 해치웠다. 보통날과 다름없는 저녁이었다. 우리는 평소처럼 밥을 먹었고, 대화를 나누었고, 또 서로를 꼬옥 껴안아주었다.

언제든 돌아갈 집이 있다는 건 타지를 떠돌며 그리워할 무언가가 있다는 것. 지친 몸을 토닥여줄 베개와 이불이 있다는 것. '집밥'이라는 말에 언제든 입맛을 다실 수 있다는 것. "왔어?" 이 한마디에 그간의 피로가 사르르 풀릴 수 있다는 것.

그리고 또 다시 짐 가방을 메며 "다녀올게." 하고 말할 수 있다는 것이다.

스무 살 레시피
||||||||||||||||||||||||||||||||||

이번 여행은 참 오묘한 맛이에요.

한없이 달콤했다가, 씁쓸했다가, 가끔 맵기까지 했어요.

그런 맛들이 뒤섞여 이상한 맛을 낼지

혹은 지금껏 먹어본 적 없는 훌륭한 맛이 날지 저도 잘 모르겠지만

뭐가 되었든 만족이에요!

적어도 밍밍하지는 않을 테니까요.

제 스무 살이 그러길 바랐어요.

짜든 달든, 밍밍하지는 않게.

앞으로 어떻게 살아갈지,

어떤 사람이 될지 잘 모르겠어요.

스무살은
처음이라

하긴 여행하는 내내 '내일 뭐 하지? 오늘 뭐 먹지?'를 달고 살았는데
그 먼 미래는 또 어떻겠어요?

가끔 보면 여행과 삶은 참 많이 닮아있어요.
계획대로 되는 법이 없고
매 순간이 선택의 연속이며
한 치 앞을 알 수 없는 것.
그렇다면 전 그 누구보다 이 인생을 즐기고 싶어요!

마치 제 여행처럼요.
인생에, 그리고 여행에 정답은 없으니까요!

다시 백수로
||||||||||||||||||||||||||||

다시 평범하기 짝이 없는 일상으로 돌아왔다.

현지인들의 호기심 어린 눈빛을 받을 일도, 음식 주문을 할 때마다 고수 빼달란 부탁을 하는 일도 더 이상 필요하지 않았다.

나는 이제 한국의 평범한 스무 살이 되었다.

"Where are you from?"이 아닌 "학생이세요?"라는 질문을 더 많이 받는 스무 살, 세상을 뒹굴던 여행자가 아닌 방구석을 뒹구는 백수 스무 살로 말이다.

아, 이 얼마나 갈망했던 익숙함인가.

3개월의 짤막한 시간 동안 내가 배운 건 지극히 일상적인 것들에 대한 소중함이었다. 가족들, 뜨끈한 집밥, 고양이 칸쵸, 수다쟁이 친구들, 모닝콜 소리, 집에서 쓰는 섬유유연제 향, 자주 가던 동네 떡볶이집, 밤 산책을 하던 공원, 먼지 쌓인 만화책들과 우리말이 나오는 텔레비전…. 내가 얼마나 그리워했는지 너희들은 알까.

"집이 그리워지면 돌아올게."라는 말을 뱉고 길을 떠났지만, 실은 집이 그립지 않았던 날은 하루도 없었다. 버티고 버티다 104일째 백기를 들고 가출을 마무리 지었을 땐 무엇이라도 좋으니 일상의 한 부분이 얼른 나를 껴안아주길 바랐다.

.

여행하는 내내 이래도 되나 싶을 정도로 행복했는데, 일상으로 돌아와 보니 난 원래 행복한 사람이었다. 떠나기 전에는 몰랐다. 내 주변에 소중한 것들이 이렇게나 많았다는 걸. 그것들이 내게 행복이었다는 걸. 살다 보면 또 잊힐 거다. 바보같이 까먹을 게 뻔하다. 그러니까 기록하는 수밖에 없다. 종이든 카메라든 내 마음 속 가장 좋은 자리든 꾹꾹 기록해둔다.

너, 아주 행복한 애라고. 언제 어디서든 누구의 곁이라도.
그 기록마저 바래져 무던해질 쯤, 나는 다시 한 번 배낭을 메고 훌쩍 떠날 것이다.

유난히 뜨거웠던 스무 살의 여름, 그곳, 동남아로.

스무살은
처음이라

엄마의 곁, 탱구의 곁, 할머니의 곁

아직 끝나지 않은 여행
||||||||||||||||||||||||||||||||||||||||||||||||

찝찝한 기분이 며칠간 들었다.

분명 뭔가 빠트린 거 같은데 그게 뭔지 도무지 알 수 없는 그런 답답한 기분. 일부러 버리고 온 건 있어도 실수로 두고 온 건 없어보였는데, 이 유모를 쌩한 느낌이 들어 이미 한 번 뒤엎은 배낭을 다시 꺼내 뒤졌다.

찾은 건 구석구석에 숨어있던 폴라로이드 사진 몇 장이 전부. 필름을 100장정도 가져갔는데, 여행할 때 다 선물로 나눠주었더니 내 것은 고작 다섯 장 남짓이었다. 헬무아저씨네 가족과 찍은 사진 한 장, 브랜든이 찍어준 내 모습, 팔이 긴 셰인이 찍은 우리 둘의 셀카… 사진 속 나는 뭐가 그리 즐거운지 아주 활짝 웃고 있었다. 민낯의 얼굴로, 잔뜩 그을린 모습으로, 그 모습이 퍽 사랑스러워 웃음이 났다.

아직 배낭을 다 풀지 못했었구나.

스물 하나도 처음이라!

어느덧 이곳에도 겨울이 왔다. 요즘은 날이 추워 그때 생각이 더 많이 난다. 목욕탕 의자에 쭈그려 앉아 사람 구경하며 말아먹던 국수도, 3천 원짜리 모히또 두 잔을 나눠 들고 함께 거닐었던 밤바다의 낭만도, 해가 주는 선물 같았던 매일 매일의 일몰이, 심지어 비에 젖어 축축해진 샌들의 고약한 냄새와 당신들의 땀 냄새마저 그리운 요즘이다.

영원히 돌아오지 않을 나날들이다. 다시 떠난다 한들 나는 절대 그때의 감정으로 동남아를 여행하지 못할 것이다. 그렇다고 아쉽지는 않다. 흘러가는 시간을 잡을 수 없다는 것쯤은 이제 충분히 아니까. 그저 '지금 이 순간'에 충실한 여행을 해왔으니 그거면 충분하다.

그래도 그리운 건 어쩔 수 없을 거다. 어느 날 문득 그날의 기억들이 바람처럼 내게 불어온다면 나는 마음껏, 최선을 다해서 그리워하겠다. 너희들을 떠올리는 것만으로 나는 행복해질 테니.

스물 하나. 작년처럼 아르바이트 중에 맞이하는 새해였다.

또 다시 리셋이다. 나의 1년이 새하얀 도화지가 되었다. 무슨 색으로 채울지, 어떤 그림을 그려나갈지 고민하는 건 이제 그리 어려운 일은 아니다. 마냥 즐겁지 않을 거라는 걸, 분명 아파하고 눈물 흘릴 거라는 걸 알지만, 그것조차 결국 하나의 작품이 될 거다. 그러니 마음껏 그리고 색칠하겠다. 팔레트에 가장 먼저 어떤 물감을 짜낼지는 아직 잘 모르겠다.

나,

스물 하나도 처음이라!

2018년 새해 첫날

슬구

스무살은
처음이라

초 판 1 쇄	2018년 5월 21일
초 판 6 쇄	2021년 12월 21일
지 은 이	슬구(신슬기)
펴 낸 이	한효정
펴 낸 곳	도서출판 푸른향기
기 획	박자연
일 러 스 트	서똥꾸
디 자 인	화목
마 케 팅	유인철

출판등록	2004년 9월 16일 제 320-2004-54호
주 소	서울 영등포구 선유로 43가길 24, 104-1002 (07210)
이 메 일	prunbook@naver.com
전화번호	02-2671-5663
팩 스	02-2671-5662
홈페이지	prunbook.com | facebook.com/prunbook | instagram.com/prunbook

ISBN 978-89-6782-074-9 03910
ⓒ 신슬기, 2018, Printed in Korea

값 15,000원

이 도서의 국립중앙도서관 출판예정도서목록(CIP)은 서지정보유통지원시스템 홈페이지(http://seoji.nl.go.kr)와
국가자료공동목록시스템(http://www.nl.go.kr/kolisnet)에서 이용하실 수 있습니다.
CIP제어번호 : CIP2018013770